400 recettes pour bébé

De 4 mois à 3 ans

Caroline Bach, diététicienne
Préface du Dr Éric Saban, pédiatre

Un ouvrage dirigé
par Florence le Bras

Avertissement : Les informations fournies dans cet ouvrage ne remplacent en aucun cas les conseils ou le traitement d'un expert. Elles vous aideront simplement à faire des choix éclairés. Parce que chaque individu est unique, il appartient au médecin d'effectuer un diagnostic et de superviser les traitements pour chaque problème de santé. Si un individu suivi par un médecin reçoit des conseils contraires aux informations fournies dans cet ouvrage de référence, les conseils du médecin devront être respectés, car ils se basent sur les caractéristiques uniques de cet individu.

ISBN : 978-2-7540-7142-0
Dépôt légal : janvier 2015
Imprimé en Italie

Couverture et conception graphique : Chrystel Proupuech
Photographie de couverture : © Soizic Landais
Maquette : Graph'im 64

Éditions First, un département d'Édi8,
12, avenue d'Italie
75013 Paris
Tél : 01 44 16 09 00
Fax : 01 44 16 09 01
firstinfo@efirst.com
www.editionsfirst.fr

Préface du Dr Saban

Réaliser un livre de recettes pour bébé est un vrai défi : il fallait en effet pour cela d'une part inciter les parents à sortir des sentiers battus en faisant l'effort de cuisiner, en les faisant du même coup renoncer pour un temps aux petits pots et autres plats tout prêts pour bébés (qui représentent la facilité, la sécurité, et qui sont, quoi qu'on en dise, appréciés par les tout-petits), et d'autre part s'adapter aux règles de la diversification alimentaire, afin de réduire au maximum le risque allergique, adapter les menus aux besoins des enfants en respectant leur métabolisme, et tenant compte de l'immaturité des fonctions digestives et rénales du petit nourrisson.

Un autre défi, plus ambitieux, consiste à donner à nos chères têtes blondes une curiosité gustative, et leur donner aussi le goût des aliments frais : combien de mamans, pourtant pleines de bonne volonté, nous disent (un peu vexées !) que leur bébé préfère le petit pot ou le plat cuisiné tout prêt à la soupe ou à la purée « maison ». De la même façon, un peu plus tard dans l'enfance, nous constatons que les goûts sont assez univoques (pâtes, nuggets, knackies, gâteaux secs, crèmes dessert) et que, si l'enfant apprécie un menu ou qu'il décrit à l'adulte son repas « idéal », il se contenterait volontiers de prendre chaque jour ce même repas, sans faire l'effort de goûter à la nouveauté.

Quel casse-tête pour une mère de famille de devoir varier ses menus en insistant parfois, et quelle frustration de voir leurs enfants aux mines renfrognées repousser leur assiette !

Caroline Bach a réussi ce défi : elle réinvente, pour les mamans – et pour le bonheur des bébés – la « cuisine du marché » façon Bocuse. Ce grand chef, adepte de la nouvelle cuisine française, préconisait une cuisine simple, mais en recherchant toujours la meilleure qualité du produit (viande, poisson, légume) et en mettant en valeur la qualité originelle des mets. Bocuse disait aussi qu'on ne cuisine bien qu'avec amour : amour pour le plat que l'on prépare bien quand on aime le préparer, et amour pour ceux pour qui l'on cuisine : « Je pense que la cuisine est plus facile et bien meilleure quand elle est faite pour des gens que l'on aime », avec le soin de toujours laisser une petite place à l'imagination, à l'improvisation.

Pour peu qu'une maman aime cuisiner, elle trouvera dans cet ouvrage des centaines d'idées de repas, pour la plupart faciles et rapides à réaliser, toujours (ou presque !) appréciées, aiguisant le goût et la curiosité de nos chers petits.

Plus tard dans la vie, peut-être ces enfants auront-ils envie (comme cela se fait dans le cadre scolaire en Scandinavie notamment) d'aller au marché, de choisir leurs légumes, d'apprendre à les laver, les éplucher, les émincer, les mettre « à la poêle », et après tous ces efforts, ils seront fiers de goûter leur réalisation et parfois même de l'apprécier !

En France, les ateliers « petit cuisinier » et les écoles de cuisine pour enfants se multiplient : ce n'est pas pour rien que la cuisine française a la réputation d'être la meilleure du monde ! C'est aussi grâce à Caroline Bach que cette pérennité pourra être assurée : à la lecture de cet ouvrage, nous aurons tous envie de redevenir bébés pour avoir le bonheur de découvrir tous ces petits plats variés, parfois exotiques, toujours adaptés à l'âge et aux besoins des tout-petits !

Puisse cet ouvrage devenir une référence pour les mamans (et les papas !) soucieux de bien nourrir leur progéniture, afin que les bébés deviennent des adultes sains sachant apprécier la saveur des aliments tout en maintenant leur équilibre nutritionnel. Merci à Caroline Bach, et bon appétit à tous !

Dr Éric Saban

Introduction

Que faut-il pour devenir un adulte gourmet, qui apprécie les saveurs et aime cuisiner ? Sans doute une éducation gustative précoce par une maman ou un papa qui aime faire découvrir à son enfant des goûts nouveaux au bon moment, et avec diplomatie.

Il y a un âge pour tout

Si l'alimentation exclusivement lactée est recommandée jusqu'à 4 mois, il est nécessaire de faire découvrir peu à peu à l'enfant des saveurs nouvelles, selon un calendrier bien précis, afin de ménager son tube digestif encore fragile et immature.

L'alimentation de votre bébé de 4 mois à 1 an

Peu à peu, vous allez faire découvrir à votre enfant les bienfaits et les plaisirs d'une alimentation diversifiée. Certains bébés ont une grande curiosité gustative, d'autres sont plus réticents à accepter le changement. Respectez la personnalité de votre enfant, n'imposez pas, proposez. En cas de refus, attendez quelques jours pour renouveler l'expérience.

La découverte de la cuillère

C'est à partir du quatrième mois que la déglutition volontaire se met en place. C'est à ce moment-là que l'alimentation va pouvoir s'épaissir, se diversifier et que le passage à la cuillère va se faire. L'enfant risque de ne pas immédiatement accepter cet objet froid, dur, si différent de la tétine. Plusieurs tentatives seront en général nécessaires.

L'important, c'est que l'ustensile soit adapté aux dimensions de la bouche de votre tout-petit. Choisissez une cuillère droite, très étroite et plate afin que le bébé puisse, dans un premier temps, sucer son contenu.

La cuillère en silicone peut permettre une bonne transition avec la tétine du biberon. Celle en plastique, matériaux moins froid que le métal, est tout autant agréable en bouche. Très douce, elle ne risque pas de blesser les gencives, parfois douloureuses et irritées à l'approche des premières dents.

Commencez le repas par 1 à 2 cuillerées avant de donner le biberon. En effet, s'il est rassasié, Bébé ne fera aucun effort pour « goûter » à cette nouveauté.

Le passage du liquide au solide

Dans un premier temps, l'alimentation de Bébé va s'épaissir. C'est vers le troisième ou le quatrième mois que le biberon peut être enrichi de **farine sans gluten (type diase)**, aromatisée ou non. On l'introduit généralement dans le biberon du soir, surtout si le bébé a du mal à faire ses nuits, en commençant par 1 cuillerée à café, puis 2 cuillerées une semaine plus tard. Les doses sont toujours expliquées bien clairement sur les paquets. Il faudra attendre 10 mois pour introduire les farines aromatisées (vanille, chocolat).

Dans un deuxième temps, entre 4 et 6 mois, on propose les **légumes sous forme de purées** ainsi que les **fruits en compotes** (notamment de pommes). La saveur sucrée des compotes rend plus facile l'apprentissage de la cuillère. C'est au repas de midi que vous pourrez commencer à introduire 2 à 3 cuillerées à café de purée de légumes ou de la compote de fruits (au goûter) avant le biberon de lait. Proposez-les soit à la cuillère, soit dans le biberon. Augmentez tous les deux jours de 2 à 3 cuillerées à café selon l'envie de l'enfant.

N'oubliez pas de donner de l'eau au cours du repas : c'est indispensable à partir d'un an.

L'introduction des **laitages** se fait à partir de 5 mois. Vous pouvez commencer à mélanger les compotes de fruits avec 1 ou 2 cuillerées de fromage blanc, de petit-suisse, ou de yaourt (toujours à 20 à 30 % de matière grasse).

L'introduction des produits laitiers permet à Bébé de découvrir autre chose que le lait, qui doit cependant garder une place importante dans son alimentation : pas moins de 500 ml de lait ou de laitages par jour jusqu'à 12 mois !

À partir de 7 mois, le moment est venu de goûter les **fromages à pâte molle** (crèmes de gruyère...) et une fine lamelle de gruyère. Proposez-lui ces fromages à la place du yaourt ou du petit-suisse à un des deux repas principaux de la journée.

Vers 6 mois environ, on peut commencer à introduire la **viande hachée (ou le poisson)**, en commençant par 1 cuillerée à café à un repas, puis 1 cuillerée à soupe, en allant progressivement. On débute donc avec 10 g de viande et l'on arrive, à 1 an, à 20-25 g. Les œufs sont à introduire à partir de l'âge de 7 mois : ¼ d'œuf dur d'abord, puis ⅓ et ½ à 10-12 mois.

Enfin, à partir de 7 mois, on peut donner des **féculents** ainsi que les **légumes en morceaux**. Après les purées de légumes et de pommes de terre, c'est l'arrivée des **petites pâtes** ! Choisissez-les fines, comme le vermicelle ou l'alphabet, et incorporez-les dans la soupe ou la purée de Bébé.
Côté légumes, si votre bébé a des dents, les petits morceaux tendres, comme de la carotte cuite, peuvent être proposés.

C'est seulement à partir de 15 -18 mois que les **légumes secs**, pourront désormais être incorporés dans le plat principal.

Pour la diversification de l'alimentation de Bébé, nous avons respecté les directives gouvernementales du Plan National Nutrition Santé (PNNS, www.mangerbouger.fr). Nous vous recommandons de suivre l'avis de votre médecin qui pourra l'adapter en fonction des particularités de votre enfant.

L'alimentation de votre enfant de 1 an à 3 ans

À partir de 6 mois, l'enfant a 4 repas par jour. Dès 1 an, il mange presque de tout. Les quantités vont progressivement augmenter au rythme de ses demandes. À vous de vous adapter et de lui proposer des aliments qui lui plaisent. N'oubliez pas que le décor de l'assiette est important et qu'il appréciera une présentation colorée, des croquettes en forme de cœur ou de poisson, une purée dessinée en forme de chat...

Respecter les goûts et les préférences de votre enfant

C'est la meilleure façon d'éviter une opposition de principe. Mais que faire s'il refuse un aliment ? N'insistez pas, mais ne vous découragez pas ! Proposez-lui à nouveau, quelques jours plus tard, puis réessayez plusieurs fois. Les enfants ont souvent peur de la nouveauté. En lui présentant l'aliment plusieurs fois ou en le faisant participer au repas familial, il se familiarisera aux nouveaux aliments !

Gérer les quantités et la fréquence des repas

Dès les premiers mois, un enfant est capable d'adapter les quantités qu'il consomme en fonction de ses besoins. Il régule ainsi sa prise alimentaire sur la journée : s'il mange trop lors d'un repas, il mangera moins au repas suivant... Faites-lui confiance, et s'il n'a plus faim, ne le forcez pas à finir son assiette !

Rythmer les repas

On prévoit 4 repas par jour dès 6-8 mois : petit déjeuner, déjeuner, goûter et dîner. Structurer ainsi l'alimentation de votre enfant sur la journée lui permet d'acquérir de bonnes habitudes le plus tôt possible. C'est aussi un moyen de lui transmettre le plaisir de passer du temps à table.

Menus pour bébés

Voici quelques idées pour les repas de vos enfants en fonction de son âge.

À 4 mois

– **4 ou 5 fois par jour :** biberon de lait 1er âge (ou 2e âge si la diversification a commencé).
On peut prévoir également 2 à 4 cuillerées à café de céréales sans gluten pour deux biberons au choix (en général matin et soir).
On peut commencer à introduire quelques cuillerées de légumes le midi ou de compote de fruits au goûter.

À l'âge de 5-7 mois

– **Le petit déjeuner** sera composé d'un biberon de lait avec parfois 1 à 2 cuillerées à soupe de céréales.
– **Au déjeuner**, une purée de légumes avec 1 cuillerée à café de viande ou de poisson, une compote de fruits.
– **Au goûter**, donnez-lui un biberon de lait et une compote de fruits.
– **Enfin, le soir :** une purée de légumes épaissie (avec de la purée de pommes de terre), un fromage blanc et un peu de compote de fruits ou un grand biberon de lait si Bébé est fatigué !

À l'âge de 8-12 mois

– **Au petit déjeuner** : un biberon de lait avec 1 à 2 cuillerées à soupe de céréales.
– **Au déjeuner** : une purée de légumes et 1 cuillerée à café d'huile ou une noisette de beurre, 20 g de viande ou de poisson ou 1/3 d'œuf dur et un fruit cuit.
– **Au goûter** : un laitage et un fruit cuit mixé. Si Bébé a encore faim, donnez-lui un petit gâteau sec ou un morceau de pain.
– **Au dîner** : une purée de légumes avec pommes de terre, un fromage blanc et un peu de compote de fruits.

À 1 an

– **Au petit déjeuner** : un biberon de lait épaissi (farines de céréales) et éventuellement, une petite compote, s'il a bon appétit.
– **Au déjeuner** : initiation aux crudités, purée de légumes avec de la viande ou du poisson ou des œufs (une bonne cuillerée à soupe), puis pour terminer un fruit cuit et un laitage.
– **Au goûter** : biberon de lait et quelques biscuits ou du pain.
– **Au dîner** : soit purée de légumes épaissie et laitage plus fruit, soit biberon de lait épaissi avec des légumes et dessert de fruits cuits.

La plupart des recettes sont prévues pour un enfant. Les recettes pour 4 personnes permettent d'associer le plus petit au repas de toute la famille ou de congeler les plats afin de vous faciliter la vie les jours où vous êtes pressé.

Bon appétit, Bébé !

Enfants : les grandes phases de la diversification alimentaire						
Mois	1er	2e	3e	4e	5e	6e
Lait	Lait maternel exclusif ou					
	Lait 1er âge exclusif				Lait 1er ou 2e âge	
Produits laitiers					Yaourt	
Fruits					Tous : très mûrs	
Légumes					Tous : purée, lisse	
Pommes de terre					Purée	
Légumes secs						
Farines infantiles (céréales)					Sans gluten	
Pain, produits céréaliers						
Viandes, poissons					Tous	
Œufs						
M.G. ajoutées						
Boissons	Eau pure : proposée en cas de fièvre ou de forte chaleur					
Sel						
Produits sucrés						

Enfants : les grandes phases de la diversification alimentaire							
7^{e}	8^{e}	9^{e}	10^{e}	11^{e}	12^{e}	2e année	3e année
Lait maternel exclusif ou							
		Lait 2e âge ≥ 500 ml/j				Lait 2e âge ou de croissance	
ou fromage blanc –> Fromage blanc nature							
ou cuits, mixés, texture homogène lisse ---------> crus, écrasés						en morceaux, à croquer	
------------> petits morceaux							
lisse ----------> petits morceaux							
						15-18 mois en purée	
Avec gluten							
Pain, pâtes, semoule, riz							
10 g/j (2 cc)		Hachés : 20 g/j (4 cc)				30 g/j (6 cc)	
¼ (dur)		⅓ (dur)				½	
Huile (olive, colza…) ou beurre (1 cc d'huile ou noisette de beurre au repas)							
Eau pure							
						Peu pendant la cuisson, ne pas resaler à table	
Sans urgence, à limiter							

Source : www.mangerbouger.fr

À partir de 4 mois

RECETTES SALÉES

BOUILLON DE CAROTTES ET DE LAITUE

Pour 1 portion – Préparation : 15 min – Cuisson : 2 h

2 carottes • laitue • 2 branches de persil plat • 60 ml de lait 1er âge

Pelez et lavez les carottes, coupez-les en rondelles. Épluchez et lavez soigneusement la laitue. Lavez le persil. Mettez le tout dans une casserole avec 1 litre d'eau. Portez à frémissement sur feu doux pendant 2 heures. Versez le bouillon tamisé dans un biberon et complétez avec du lait à température souhaitée.

Variante : *vous pouvez remplacer la laitue par de la laitue frisée, de la batavia ou de la feuille de chêne. Essayez d'autres fines herbes : basilic, ciboulette, estragon...*

BOUILLON DE HARICOTS VERTS

Pour 1 portion – Préparation : 15 min – Cuisson : 1 h

1 poignée de haricots verts • 1 bouquet de persil plat • 60 ml de lait 1er âge

Effilez les haricots verts, lavez-les soigneusement. Lavez le persil. Mettez-les dans une casserole avec 750 ml d'eau froide. Portez à frémissement sur feu doux pendant 1 heure.

Versez le bouillon tamisé dans un biberon et complétez avec du lait à température souhaitée.

PURÉE DE COURGETTE

Pour 1 portion – Préparation : 5 min – Cuisson : 20 min

1 courgette

Lavez soigneusement la courgette et coupez-la en dés avec la peau.

Faites cuire à la vapeur durant 20 minutes. Mixez finement.

Notre conseil : *les courgettes étant juteuses, il n'est pas nécessaire de rajouter de l'eau de cuisson pour mixer.*

PURÉE DE POTIRON ET DE CAROTTE

Pour 1 portion – Préparation : 15 min – Cuisson : 15 min

150 g de potiron • 50 g de carotte • 60 ml de lait 1er âge • 5 g de beurre

Épluchez et coupez en morceaux le potiron et les carottes, puis faites-les cuire (utilisez un cuiseur vapeur, une Cocotte-Minute ou une casserole) pendant environ 15 minutes. Les légumes sont cuits lorsqu'ils sont tendres (enfoncez la pointe d'un couteau pour le vérifier). Mixez-les très finement avec le lait et le beurre (surtout pour les premiers repas à la cuillère !). Réchauffez avant de servir.

RECETTES SUCRÉES

BISCUIT AU LAIT, POMME, POIRE ET MIEL

Pour 1 portion – Préparation : 15 min – Cuisson : 2 min

200 ml de lait 1er âge • 1 biscuit pour bébé sans gluten • 2 cuil. à soupe de petit pot pomme-poire-miel

Dans une casserole, versez le lait et mettez-le à chauffer sans le faire bouillir. Hors du feu, ajoutez le biscuit écrasé. Laissez reposer 2 minutes environ. Ajoutez la purée pomme-poire-miel. Mixez et versez dans un biberon. Vérifiez la température avant de le donner à votre bébé.

Notre conseil : *un peu plus tard, vous pourrez remplacer les biscuits par des miettes de pain d'épices ou de biscuits destinés aux plus grands.*

COMPOTE D'ABRICOTS

Pour 1 portion – Préparation : 15 min – Marinade : 10 min – Cuisson : 15 min

3 ou 4 beaux abricots bien mûrs • 1 cuil. à soupe de sucre en poudre ou de cassonade

Lavez les abricots, ouvrez-les, dénoyautez-les et poudrez-les de sucre en poudre (ou de cassonade). Laissez mariner 10 minutes environ, jusqu'à ce que le sucre soit fondu. Mettez-les dans une casserole avec ½ verre d'eau, portez à frémissement pendant 15 minutes sur feu doux. Au bout de ce temps, mixez le contenu de la casserole, transvasez-le dans une coupelle et laissez tiédir avant de donner à Bébé.

COMPOTE POMME-POIRE AU MIEL

Pour 1 portion – Préparation : 15 min – Cuisson : 20 min

1 pomme • 1 poire • 1 cuil. à café de miel

Épluchez les fruits et coupez-les en morceaux. Faites-les cuire avec un fond d'eau dans une casserole pendant 15 à 20 minutes. En fin de cuisson, ajoutez la cuillerée à café de miel. Mélangez. C'est prêt !

COMPOTE POMME-POIRE À LA CANNELLE

Pour 1 portion – Préparation : 15 min – Cuisson : 20 min

1 petite poire • 1 petite pomme • 1 pincée de cannelle en poudre

Pelez la poire et la pomme puis coupez-les en morceaux. Faites cuire les fruits dans une casserole avec un peu d'eau pendant environ 20 minutes. Ajoutez la cannelle et mixez.

MIXÉ FRAIS ABRICOT-CANNELLE

Pour 1 portion – Préparation : 15 min – Cuisson : 30 min

180 ml de lait 1er âge • 1 mesure de céréales sans gluten (type diase) • 2 abricots • 1 pincée de cannelle

Versez le lait dans une casserole et faites tiédir sur feu doux. Ajoutez les céréales et la cannelle. Laissez cuire 10 minutes environ sans cesser de remuer. Laissez refroidir. Lavez et essuyez les abricots. Retirez les noyaux. Coupez les abricots en morceaux. Faites-les cuire avec un peu d'eau dans une casserole à feu doux pendant 20 minutes. Mixez les abricots avec le lait froid jusqu'à ce que le mélange soit lisse et homogène. Versez cette préparation dans une assiette. Servez aussitôt.

Notre conseil : *quand Bébé aura grandi, vous pourrez aussi ajouter au mixé frais d'abricots quelques fruits rouges : fraises, framboises, mûres...*

À partir de 5 mois

RECETTES SALÉES

CRÈME D'ARTICHAUT

Pour 1 portion – Préparation : 10 min – Cuisson : 15 min

2 fonds d'artichaut congelés • 30 ml de lait 1er âge • 1 cuil. à soupe de farine • 1 noisette de beurre

Faites cuire les fonds d'artichaut à l'eau bouillante pendant 15 minutes puis mixez-les. Diluez la farine dans le lait et incorporez à la purée d'artichaut. Portez le potage à la température souhaitée. Servez aussitôt en ajoutant la noisette de beurre.

MIXÉ FRAIS AUBERGINE-FROMAGE BLANC

Pour 1 portion – Préparation : 10 min – Cuisson : 5 min

180 ml d'eau minérale • 6 mesures de lait 1er âge • ½ aubergine • 2 cuil. à café de yaourt • 2 brins de cerfeuil

Remplissez le biberon de 120 ml d'eau minérale. Ajoutez 6 mesures de lait. Refermez le biberon et mélangez bien. Réservez au frais. Lavez et égouttez le cerfeuil. Lavez et essuyez l'aubergine. Coupez-la en deux. Versez 1 litre d'eau dans un autocuiseur. Placez la moitié d'aubergine dans le panier de cuisson vapeur. Laissez cuire 5 minutes dès que la soupape chuchote. Grattez la pulpe avec une petite cuillère. Placez-la dans la cuve d'un mixeur. Ajoutez le yaourt et la moitié du lait. Mixez jusqu'à ce que le mélange devienne lisse et homogène. Versez cette préparation dans une assiette. Délayez-la avec le lait restant. Servez aussitôt.

POTAGE AUX TROIS LÉGUMES

Pour 1 portion – Préparation : 15 min – Cuisson : 25 min

20 g de laitue • 50 g de carotte • 50 g de blanc de poireau • 80 ml de lait 1er âge

Épluchez et lavez les différents légumes sous l'eau courante. Coupez le blanc de poireau et la carotte en rondelles de même taille. Commencez par faire cuire les rondelles de carotte dans un peu d'eau bouillante non salée. 5 minutes après le début de la cuisson, ajoutez les rondelles de poireau, 15 minutes après, les feuilles de laitue. Poursuivez la cuisson encore 5 minutes. Égouttez les légumes au terme de la cuisson. Placez-les dans le bol de votre robot mixeur avec le lait. Mixez jusqu'à l'obtention d'un mélange homogène. Servez à Bébé.

PURÉE DE BETTERAVE ET DE CAROTTE

Pour 1 portion – Préparation : 15 min – Cuisson : 15 min

50 g de betterave cuite • 80 g de carotte • 1 cuillère à café de crème fraîche • 5 g de beurre

Épluchez et coupez en morceaux les carottes, faites-les cuire (utilisez un cuiseur vapeur, une Cocotte-Minute ou une casserole) pendant environ 15 minutes afin qu'elles soient très tendres. Mixez les carottes avec les betteraves préalablement coupées en dès. Ajoutez la cuillère de crème fraîche et la noisette de beurre. Rectifiez la température avant de servir.

PURÉE DE BUTTERNUT

Pour 1 portion – Préparation : 15 min – Cuisson : 10 min

100 g de butternut • 1 cuillère à café de crème fraîche • 5 g de beurre

Pelez la peau de la courge à l'aide d'une économe. Oter en son centre les filaments et les graines puis détaillez en petits morceaux. Faites cuire à la vapeur pendant environ 10 minutes. La courge doit être fondante. Mixez avec la crème fraîche et le beurre. C'est prêt !

PURÉE D'ÉPINARD

Pour 1 portion – Préparation : 15 min – Cuisson : 8 min

150 g d'épinard • 1 cuillère à café de crème fraîche • 5 g de beurre

Après avoir lavé soigneusement les feuilles d'épinard, faites-les cuire 6 à 8 minutes à la vapeur. Mixez-les avec la cuillère de crème fraîche et la noisette de beurre. Vérifiez la température avant de servir à bébé.

PURÉE DE HARICOTS VERTS

Pour 1 portion – Préparation : 15 min – Cuisson : 25 min

100 g de haricots verts frais • 1 branche de persil • 100 ml de lait 1er âge • 1 noisette de beurre

Lavez et effilez les haricots verts. Faites-les cuire (de préférence à la vapeur) pendant environ 25 minutes.

Une fois qu'ils sont cuits, égouttez-les et passez-les au mixeur (ou moulin à légumes) avec le persil préalablement lavé.

Ajoutez ensuite le lait, puis le beurre en petits morceaux. Mélangez bien avant de servir.

PURÉE DE POMME DE TERRE, CAROTTE ET POIREAU

Pour 1 portion – Préparation : 15 min – Cuisson : 15 min

1 belle pomme de terre (80 g) • 60 g de carottes • 50 g de poireau • 1 cuil. à café d'huile d'olive

Épluchez les légumes, rincez-les et coupez-les en morceaux. Faites-les cuire à la vapeur (pendant 15 minutes si vous utilisez une Cocotte-Minute).

Une fois cuits, égouttez les légumes et ajoutez une petite cuillerée d'huile d'olive.

Mixez l'ensemble des légumes plus ou moins finement selon l'âge de votre bébé. Goûtez avant de proposer la purée à votre bébé afin de contrôler la chaleur.

Pour une purée moins épaisse, ajoutez quelques gouttes de lait tiède et mélangez.

PURÉE SUCRÉE-SALÉE

Pour 1 portion – Préparation : 10 min – Cuisson : 15 min

100 g de courgette • 60 g de banane • quelques gouttes de jus de citron

Coupez les 2 extrémités de la courgette. Lavez-la puis coupez-la en morceaux et faites-la cuire à la vapeur environ 15 minutes. Passez la courgette et la banane épluchée au mixeur jusqu'à obtenir une purée onctueuse.

Ajoutez alors quelques gouttes de citron. Servez aussitôt.

SOUPE DE COURGETTES

Pour 1 portion – Préparation : 10 min – Cuisson : 35 min

1 oignon • 2 courgettes (200 g) • 1 noisette de beurre

Pelez et émincez l'oignon. Faites-le blondir dans une casserole. Lavez les courgettes, coupez-les en dés et ajoutez-les dans la casserole avec un grand verre d'eau. Couvrez et faites cuire 30 minutes. Mixez. Ajoutez le beurre.

SOUPE DE POMMES DE TERRE AU CRESSON

Pour 1 portion – Préparation : 10 min – Cuisson : 25 min

2 pommes de terre • 1 carotte • 2 poignées de cresson • 1 noisette de beurre

Épluchez les légumes, coupez-les en morceaux et faites-les cuire dans une casserole d'eau pendant 25 minutes. Ajoutez le cresson après 15 minutes de cuisson. Lorsque les légumes sont cuits, mixez-les en ajoutant l'eau de cuisson, versez dans un bol, beurrez et donnez à Bébé.

Notre conseil : *si Bébé a déjà 6 mois, vous pouvez ajouter quelques pâtes à potage.*

SOUPE DE POTIRON

Pour 1 portion – Préparation : 10 min – Cuisson : 30 min

200 g de potiron • 300 ml de lait 1er âge • 1 noisette de beurre

Épluchez le potiron et enlevez les graines. Coupez-le en dés puis faites-le cuire 15 minutes à l'eau bouillante. Égouttez et mixez. Incorporez le lait à la purée de potiron. Remettez à cuire sur feu doux environ 15 minutes. Ajoutez une noisette de beurre au moment de servir.

VELOUTÉ D'ARTICHAUT

Pour 1 portion – Préparation : 15 min – Cuisson : 35 min

1 artichaut • ¼ de citron • 2 branches de persil plat • 1 cuil. à soupe de farine • 1 noisette de beurre • 100 ml de lait 1er âge

Lavez et épluchez l'artichaut sans le faire cuire (cassez sa queue si cela n'a pas déjà été fait) afin d'en récupérer le fond. Frottez-le immédiatement avec le citron pour éviter qu'il noircisse. Lavez le persil. Faites cuire le fond d'artichaut et le persil à la vapeur pendant 30 minutes environ.

Pendant ce temps, faites fondre le beurre dans une petite casserole sur feu doux, ajoutez la farine et mélangez aussitôt jusqu'à obtention d'une pâte lisse. Versez alors le lait, et laissez cuire pendant 5 minutes sans cesser de remuer. Réservez.

Lorsque l'artichaut est cuit, passez-le au mixeur avec la sauce et le persil jusqu'à obtenir une crème onctueuse. Vous pouvez alors délayer le tout (plus ou moins selon la consistance souhaitée : biberon ou cuillère) avec du lait tiède.

VELOUTÉ D'ENDIVES

Pour 1 portion – Préparation : 15 min – Cuisson : 1 h

1 endive • 1 pomme de terre • 1 cuil. à soupe de fromage blanc battu à 40 % de MG • 1 cuil. à soupe de jus de citron • 1 cuil. à café de sucre en poudre

Épluchez l'endive en ôtant le trognon qui est amer, lavez-la et coupez-la en tronçons. Épluchez et coupez en morceaux la pomme de terre. Mettez le tout dans une casserole d'eau froide avec le citron et le sucre. Portez à ébullition puis, après avoir baissé le feu, laissez frémir doucement pendant près d'1 heure. Mixez ensuite et ajoutez le fromage blanc. Délayez avec le jus de cuisson et servez directement au biberon en prenant soin de vérifier la température !

VELOUTÉ PRINTANIER

Pour 1 portion – Préparation : 15 min – Cuisson : 25 min

50 g de petits pois écossés • 50 g de carotte • 50 g de haricots verts • 5 feuilles d'oseille • 1 branche de persil • 1 noisette de beurre

Lavez les légumes. Épluchez la carotte et coupez-la en fines rondelles. Ciselez les feuilles d'oseille et le persil. Effilez les haricots verts en cassant les pointes. Faites cuire le tout dans 300 ml d'eau bouillante pendant 25 minutes. Laissez tiédir, mixez et ajoutez la noisette de beurre.

RECETTES SUCRÉES

BANANE POCHÉE AU CITRON

Pour 1 portion – Préparation : 5 min – Cuisson : 5 min

1 banane • quelques gouttes de jus de citron

Épluchez la banane, plongez-la dans de l'eau bouillante. Faites-la cuire 5 minutes. Mixez la quantité choisie pour Bébé avec le jus de citron. Vous pouvez aussi cuire la banane avec sa peau au gril ou au four traditionnel. C'est un délice !

Notre conseil : *ce dessert est apprécié par toute la famille, multipliez les quantités selon le nombre de convives.*

CITROUILLE AU FOUR

Pour 1 portion – Préparation : 15 min – Cuisson : 40 min

1 petite citrouille • 1 pomme • 250 ml de lait 2e âge • 1 cuil. à café de sucre vanillé en poudre • 1 cuil. à soupe de miel d'acacia • 1 petite pincée de cannelle en poudre

Préchauffez le four à 225 °C (th. 7-8).

Ouvrez le haut de la citrouille, enlevez les graines et prélevez la chair à l'aide d'une grande cuillère. Coupez-la en petits morceaux. Épluchez la pomme puis découpez-les en tranches. Dans la citrouille, déposez une couche de pommes, puis une couche de morceaux de citrouille, en alternant les couches. Mélangez dans une jatte le lait, le sucre vanillé, le miel et la cannelle, puis versez le tout dans la citrouille. Recouvrez-la de son chapeau que vous aurez préalablement troué au centre, et enfournez-la pour 40 minutes. Servez froid ou tiède.

Notre conseil : *moulinez le contenu de la citrouille pour les plus petits.*

COMPOTE DE CERISES AU FROMAGE BLANC

Pour 1 portion – Préparation : 10 min – Cuisson : 15 min

1 grosse poignée de cerises rouges bien mûres • 1 cuil. à soupe de sucre en poudre • 60 g de fromage blanc à 40 % de MG

Lavez les cerises, enlevez les queues et les noyaux. Mettez les fruits dans une casserole avec le sucre et 3 cuillerées à soupe d'eau. Faites cuire à feu doux pendant environ 15 minutes.

Réduisez en purée et laissez refroidir un peu. Servez cette compote accompagnée de fromage blanc pour l'adoucir.

COMPOTE DE POMMES

Pour 1 portion – Préparation : 5 min – Macération : 10 min – Cuisson : 20 min

1 petite pomme • 1 cuil. à soupe de sucre

Épluchez la pomme et coupez-la en tout petits morceaux. Saupoudrez-la de sucre. Laissez macérer pendant 10 minutes puis faites cuire dans une casserole avec un peu d'eau pendant environ 20 minutes. Mélangez et servez.

Variante *: vous pouvez remplacer la pomme par une poire ou une pêche.*

COMPOTE POMME-BANANE

Pour 1 portion – Préparation : 10 min – Cuisson : 15 min

1 pomme • 1 banane • 1 petit-suisse nature • 2 cuil. à café de miel • 1 pincée de cannelle en poudre

Épluchez, lavez et coupez la pomme en morceaux. Faites cuire dans une casserole d'eau les morceaux de pomme pendant 15 minutes. Pelez la banane. Mixez les pommes avec la banane, versez la compote dans un bol, ajoutez le miel, la cannelle et le petit-suisse nature. Mélangez bien et donnez à Bébé.

Notre conseil *: vous pouvez conserver cette compote 2 jours au réfrigérateur.*

PETIT-SUISSE ET FRUIT FRAIS

Pour 1 portion – Préparation : 5 min

1 petit-suisse nature • 1 fruit de saison (pomme en automne, banane en hiver, fraise au printemps, pêche en été...)

Mixez le fruit après l'avoir pelé et mélangez-le avec le petit-suisse. Servez à Bébé.

PURÉE DE FRUITS FRAIS

Pour 1 portion – Préparation : 5 min

1 petite prune • ¼ de pêche • 1 petite banane mûre • ½ agrume (orange, pamplemousse...) • 1 cuil. à soupe de fromage blanc (ou 1 petit-suisse)

Pelez les fruits, puis coupez-les en morceaux. Écrasez la prune, la pêche et la banane. Versez le jus de la moitié d'une petite orange, ou quelques gouttes de jus de citron, de pamplemousse, de raisin... Ajoutez le fromage blanc ou 1 petit-suisse.

SMOOTHIE À LA BANANE

Pour 1 portion – Préparation : 5 min

120 ml de lait 1er âge • ½ banane • 1 cuil. à café de sucre en poudre

Pelez la banane, puis coupez-la en morceaux. Passez-la au mixeur avec le lait jusqu'à obtention d'une crème onctueuse. Sucrez et servez.

À partir de 6 mois

RECETTES SALÉES

AUBERGINE FARCIE À LA VÉGÉTARIENNE

Pour 1 portion – Préparation : 20 min – Cuisson : 30 min

1 petite aubergine • 2 tomates bien rouges • ¼ d'échalote • quelques brins d'estragon frais (ou surgelé) • huile d'olive • 1 bouquet garni

Préchauffez le four à 210 °C (th. 7).

Après avoir lavé soigneusement et piqué l'aubergine à l'aide d'une fourchette, faites-la cuire au four pendant 20 minutes environ. Pendant ce temps, plongez les tomates quelques secondes dans une casserole d'eau bouillante, afin que la peau se détache toute seule. Pelez-les et enlevez leur partie centrale. Coupez-les ensuite dans le sens de la largeur afin d'en ôter les pépins avec une cuillère à café. Coupez alors les tomates en petits dés. Hachez finement l'échalote et faites-la très légèrement dorer à la poêle dans un tout petit peu d'huile. Ajoutez les tomates et le bouquet garni. Laissez cuire 10 minutes environ. Lorsque l'aubergine est cuite, coupez-la dans le sens de la longueur, nappez-la de cette confiture de tomates et saupoudrez légèrement d'estragon. Servez.

BLANC DE POULET JARDINIÈRE

Pour 1 portion – Préparation : 15 min – Cuisson : 2 h

15 g d'escalope de poulet • 1 carotte • 1 navet • 1 poignée de haricots verts extra-fins • 1 poignée de petits pois • 1 branche de persil • 1 noisette de beurre • lait 1er âge

Pelez la carotte et le navet. Lavez-les puis coupez-les en dés. Effilez les haricots verts. Lavez-les et coupez-les en petits morceaux. Lavez le persil. Mettez tous les légumes dans une casserole d'eau froide et faites cuire 2 heures à feu doux en ajoutant le poulet 10 minutes avant la fin de la cuisson. Mixez ensuite le contenu de la casserole avec la noisette de beurre. Ajoutez un peu de lait pour servir dans le biberon ou donner à la cuillère.

CRÈME DE VOLAILLE

Pour 1 portion – Préparation : 15 min – Cuisson : 35 min

10 g de blanc de poulet cru • 4 feuilles de laitue • 30 g de carotte • 30 g de navet • 50 g de courgette • 3 cuil. à soupe de lait concentré

Lavez bien les légumes puis épluchez-les. Coupez la carotte, le navet et la courgette en rondelles. Ciselez les feuilles de laitue. Mettez les légumes dans 30 ml d'eau sur feu doux pendant 35 minutes. À mi-cuisson, ajoutez le blanc de poulet coupé en petits morceaux. Laissez tiédir et mixez. Incorporez le lait et chauffez à la bonne température.

CRÈME POIREAU-POMME DE TERRE

Pour 1 portion – Préparation : 10 min – Cuisson : 50 min

30 g de blanc de poireau • 120 g de pommes de terre • 1 branche de persil • 1 noisette de beurre

Nettoyez bien le poireau, puis coupez-le en julienne. Lavez et épluchez les pommes de terre. Découpez-les en rondelles. Dans une casserole, faites suer l'eau de végétation du poireau, puis mouillez avec 250 ml d'eau. Dès qu'elle est frémissante, ajoutez le persil et les rondelles de pomme de terre. Faites cuire à feu doux pendant 35 à 40 minutes. Passez au moulin à légumes. Avant de servir, ajoutez 1 noisette de beurre.

DÉLICE DE LÉGUMES

Pour 1 portion – Préparation : 15 min – Cuisson : 20 min

1 petite courgette • ½ aubergine • 1 petite tomate • ½ oignon • huile d'olive

Lavez la courgette et l'aubergine, pelez la tomate et l'oignon. Coupez en dés les légumes et faites-les cuire dans une grande quantité d'eau pendant 20 minutes. Une fois les légumes cuits, mixez-les et ajoutez un peu d'huile d'olive.

Notre conseil : *pour les plus grands, vous pouvez ajouter 1 gousse d'ail et du poivre.*

JAMBON À LA PURÉE DE POTIRON

Pour 1 portion – Préparation : 10 min – Cuisson : 10 min

10 g de jambon blanc • 200 g de potiron • 60 ml de lait 1er âge • 5 g de beurre

Épluchez le potiron puis coupez-le en morceaux. Faites-le cuire 10 minutes dans de l'eau non salée. Égouttez-le puis mettez-le dans le mixeur avec le lait, le jambon et le beurre. Mixez jusqu'à obtenir une crème homogène. Réchauffez avant de servir.

PINTADE À LA MOUSSE DE POMME

Pour 1 portion – Préparation : 15 min – Cuisson : 10 min

1 pomme (reinette ou golden) • 100 g de fromage blanc à 40 % de MG • 20 g de blanc de pintade (préalablement cuit) • 1 pincée de cannelle

Pelez la pomme et coupez-la en quartiers en prenant soin d'enlever les parties dures du centre et les pépins. Saupoudrez de cannelle et faites cuire 10 minutes à la vapeur. Passez ensuite au mixeur avec le fromage blanc. Pendant ce temps, retirez la peau de la pintade et passez la viande à la moulinette. Transvasez la mousse de pomme dans l'assiette et parsemez-la du hachis de pintade. C'est prêt !

POTAGE À LA BETTERAVE

Pour 1 portion – Préparation : 15 min – Cuisson : 15 min

70 g de betterave rouge • 70 g de pomme de terre • 1 cuil. à soupe de crème fraîche • 300 ml de lait 2e âge

Épluchez les légumes et coupez-les en dés. Mélangez le lait et un petit verre d'eau puis portez à ébullition. Faites-y cuire les légumes pendant 15 minutes. Mixez. Versez dans un bol et déposez à la surface des pointes de crème fraîche.

POTAGE AU CRESSON

Pour 1 portion – Préparation : 10 min – Cuisson : 1 h

1 pomme de terre • 1 grosse poignée de cresson • 100 ml de lait 2e âge • 1 cuil. à soupe de crème fraîche

Pelez la pomme de terre, lavez-la puis coupez-la en morceaux. Épluchez le cresson. Mettez le cresson et la pomme de terre dans une casserole avec 750 ml d'eau froide et faites cuire pendant 1 heure environ. Passez au mixeur puis délayez avec le lait chaud et la crème fraîche. Mélangez et servez.

POTAGE CRÉCY

Pour 1 portion – Préparation : 15 min – Cuisson : 30 min

100 g de carottes • 1 noisette de beurre • ½ cuil. à café de farine • ½ cuil. à café de crème fraîche

Épluchez et lavez les carottes, coupez-les en rondelles, faites-les cuire pendant 20 minutes à l'eau bouillante. Lorsqu'elles sont bien tendres, égouttez-les (en réservant le jus de cuisson).

Dans une casserole, faites fondre le beurre. Laissez refroidir, ajoutez la farine en remuant bien.

Versez progressivement un peu de jus de cuisson à chaud en remuant, portez à ébullition et laissez épaissir à feu doux.

Mixez ce mélange avec les carottes de façon à obtenir la consistance d'un potage. Ajoutez au besoin encore un peu de jus de cuisson des carottes. Incorporez la crème fraîche.

Servez le potage tiède dans l'assiette de Bébé.

POTAGE MINUTE

Pour 1 portion – Préparation : 10 min – Cuisson : 6 min

1 blanc de poireau • 1 pomme de terre • ½ carotte • 1 cuil. à café de sauce tomate • 1 branche de persil

Épluchez les légumes, lavez-les et hachez-les finement. Placez-les dans un autocuiseur, ajoutez 250 ml d'eau et faites cuire 6 minutes. Passez au mixeur, ajoutez la sauce tomate. Lavez soigneusement le persil, essorez-le et hachez-le. Au moment de servir le repas, faites un dessin sur le dessus du potage avec le persil haché.

Notre conseil : *pour les plus grands, vous pouvez servir ce potage accompagné de fromage râpé ou de biscuits salés soufflés.*

POULET À L'ESTRAGON

Pour 1 portion – Préparation : 5 min – Cuisson : 15 min

20 g de blanc de poulet • quelques feuilles d'estragon • 1 noisette de beurre • ½ citron

Préchauffez le four à 240 °C (th. 8).

Disposez le poulet sur une feuille de papier d'aluminium préalablement refermée sur les côtés (comme une petite barque). Versez le jus du citron par-dessus, ainsi que l'estragon lavé. Fermez alors le papier d'aluminium. Placez la papillote dans le four chaud pendant 15 minutes environ. Sortez la papillote du four, ôtez les feuilles d'estragon, et hachez ensuite le poulet. Ajoutez le beurre et servez.

Notre conseil : *accompagnez ce poulet d'une petite purée de carottes ou d'une purée de pommes de terre toute simple, c'est délicieux !*

POULET FROID AU PAMPLEMOUSSE

Pour 1 portion – Préparation : 15 min

20 g de blanc de poulet cuit et haché (ou escalope de dinde) • ½ pamplemousse rose • 120 g de fromage blanc à 40 % de MG • 1 branche de cerfeuil

Épluchez le pamplemousse, séparez-en les quartiers et ôtez la fine peau qui entoure la pulpe ainsi que les pépins. Écrasez les morceaux de pamplemousse, le poulet et le fromage blanc. Lavez et hachez le cerfeuil. Mixez tous les ingrédients ensemble jusqu'à obtention d'une crème. Servez froid.

PURÉE D'ARTICHAUT AU POULET

Pour 1 portion – Préparation : 10 min – Cuisson : 15 min

2 fonds d'artichauts • 1 citron • 15 g d'escalope de poulet • 50 ml de lait 2e âge • 5 g de beurre

Faites cuire les fonds d'artichauts dans de l'eau très chaude non salée additionnée d'1 cuillerée à soupe de jus de citron pendant 10 minutes, puis ajoutez l'escalope de poulet. Laissez cuire encore 3 minutes. Mixez l'escalope, les fonds d'artichauts et le lait jusqu'à obtention d'une purée homogène. Réchauffez et ajoutez le beurre avant de servir.

PURÉE D'ENDIVE AU JAMBON

Pour 1 portion – Préparation : 15 min – Cuisson : 20 min

1 endive • 1 pomme de terre • ½ tranche de jambon • 50 ml de lait 2e âge • 1 noisette de beurre

Épluchez l'endive et la pomme de terre. Faites cuire les morceaux de pomme de terre 10 minutes dans un peu d'eau frémissante non salée. Ajoutez l'endive émincée. Poursuivez la cuisson 10 minutes. Égouttez les légumes. Mixez-les avec le jambon et le lait jusqu'à obtention d'une crème homogène. Ajoutez le beurre au moment de servir.

Variante : *quand Bébé grandit, vous pouvez remplacer le jambon par du fromage, ou remplacer l'endive par une poignée d'épinards.*

PURÉE DE CAROTTES

Pour 1 portion – Préparation : 10 min – Cuisson : 30 min

1 grosse pomme de terre • 2 petites carottes • 1 branche de persil • 1 noisette de beurre • 10 ml de lait 2e âge

Mettez les légumes épluchés, lavés et coupés en morceaux avec le persil dans une petite casserole d'eau froide et laissez frémir pendant 30 minutes environ. Les légumes sont cuits quand votre fourchette peut les piquer sans difficulté. Égouttez et mixez finement les légumes cuits. Ajoutez le beurre et un peu de lait, mélangez.

PURÉE DE COURGETTE AU CITRON

Pour 1 portion – Préparation : 10 min – Cuisson : 15 min

1 belle courgette • 20 g de fromage blanc • 1 cuil. à soupe de jus de citron

Coupez la queue et les bouts arrondis de la courgette. Lavez-la soigneusement sans la peler. Faites-la cuire 15 minutes à la vapeur. Passez-la au mixeur, en ajoutant le jus de citron, puis incorporez le fromage blanc en fouettant. Versez dans l'assiette de Bébé.

PURÉE DE HARICOTS VERTS

Pour 1 portion – Préparation : 15 min – Cuisson : 25 min

100 g de haricots verts frais • 1 branche de persil • 100 ml de lait 2e âge • 1 noisette de beurre

Après les avoir lavés et effilés, faites cuire les haricots verts (de préférence à la vapeur) pendant environ 25 minutes. Une fois qu'ils sont cuits, égouttez-les et passez-les au mixeur avec le persil préalablement lavé. Ajoutez ensuite le lait, puis le beurre en petits morceaux. Mélangez bien et servez.

Notre conseil : *lorsque Bébé aura 7 mois, vous pourrez ajouter un peu de jaune d'œuf dur à cette purée.*

PURÉE DE POMME DE TERRE

Pour 1 portion – Préparation : 10 min – Cuisson : 25 min

1 grosse pomme de terre • 100 ml de lait 2e âge • 1 cuil. à café d'huile d'olive (ou de tournesol) • 1 minuscule pincée de muscade

Faites cuire la pomme de terre épluchée et coupée en cubes pendant 20 minutes à l'eau bouillante. Faites tiédir le lait. Incorporez-le, hors du feu, à la pomme de terre écrasée, ajoutez ensuite l'huile et la muscade.

PURÉE DE POMME DE TERRE AU FENOUIL

Pour 1 portion – Préparation : 10 min – Cuisson : 15 min

1 grosse pomme de terre • ¼ de fenouil • un peu de lait 2e âge

Pelez la pomme de terre. Faites cuire, à la vapeur ou au micro-ondes, la pomme de terre et le fenouil tranchés fin. Puis mixez le tout avec un peu de lait jusqu'à obtention d'une purée bien crémeuse. Servez.

PURÉE DE POMMES DE TERRE ET DE POTIRON AU JAMBON

Pour 1 portion – Préparation : 10 min – Cuisson : 25 min

2 pommes de terre • 300 g de potiron • ½ tranche de jambon • 1 noisette de beurre

Épluchez, lavez, coupez les légumes en petits morceaux et faites-les cuire dans une casserole d'eau 25 minutes. Mixez les légumes, hachez le jambon et réunissez le tout dans une assiette. Ajoutez le beurre.

PURÉE DES 3 P

Pour 1 portion – Préparation : 15 min – Cuisson : 25 min

1 pomme de terre • 1 blanc de poireau • 1 tranche de potiron • 1 noisette de beurre (ou une cuil. à café d'huile d'olive)

Coupez le potiron en morceaux puis faites-le dorer dans un peu de matière grasse.

Couvrez d'eau et ajoutez la pomme de terre ainsi que le poireau. Laissez cuire 20 minutes.

Passez le tout au mixeur pour obtenir une délicieuse purée.

PURÉE ROSE AU POULET

Pour 1 portion – Préparation : 15 min – Cuisson : 10 min

25 g de betterave rouge • 1 pomme de terre (50 g) • 25 g de blanc de poulet

Coupez en petits dés la betterave et la pomme de terre. Mettez-les dans une casserole avec un peu d'eau. Faites cuire environ 10 minutes. Gardez le jus de cuisson. Faites cuire le morceau de poulet à la vapeur. Mixez le tout avec un peu de jus de cuisson, pour une purée plus ou moins épaisse.

SOUPE À LA TOMATE

Pour 1 portion – Préparation : 10 min – Cuisson : 20 min

1 tomate • 1 pomme de terre • 2 feuilles de basilic • 1 cuil. à soupe de fécule de maïs

Épluchez la pomme de terre et la tomate, épépinez cette dernière. Coupez les légumes en quartiers. Mettez-les dans une casserole avec 500 ml d'eau. Faites-les cuire pendant 20 minutes avec le basilic. Mixez et ajoutez la fécule de maïs diluée dans un peu d'eau.

Variante : *vous pouvez ajouter quelques haricots verts.*

SOUPE DE POMMES DE TERRE

Pour 1 portion – Préparation : 5 min – Cuisson : 25 min

2 grosses pommes de terre • 1 pincée de vermicelles • 1 noix de beurre • le jus d'½ citron • persil plat haché finement

Pelez les pommes de terre, coupez-les en petits morceaux. Faites-les cuire dans un peu d'eau pendant environ 20 minutes. Mixez le tout en ajoutant un peu d'eau si nécessaire. Remettez sur le feu et portez à ébullition. Ajoutez alors les vermicelles et laissez cuire encore 3 minutes. Avant de servir incorporez le beurre, le persil et le jus de citron.

SOUPE FROIDE AU CONCOMBRE

Pour 1 portion – Préparation : 10 min – Réfrigération : 30 minutes

1 concombre • 300 g de fromage blanc • 30 cl de bouillon de volaille • 2 cuil. à soupe de jus de citron • feuilles de menthe

Épluchez le concombre et retirez toutes les graines avec une petite cuillère. Mettez de côté un petit quart de ce concombre que vous couperez en petits dés ou en rondelles. Mixez le reste avec le jus de citron. Incorporez le bouillon et le fromage blanc. Laissez reposer 30 minutes au réfrigérateur. Décorez avec quelques feuilles de menthe puis servez.

Notre conseil : *vous pouvez aussi ajouter un peu d'aneth si vous le souhaitez.*

VELOUTÉ À LA CITROUILLE

Pour 1 portion – Préparation : 10 min – Cuisson : 40 min

1 tranche de citrouille • ¼ d'oignon • 1 pomme de terre • 1 branche de thym • 1 cuil. à café de crème fraîche

Pelez la pomme de terre et l'oignon puis coupez-les en petits morceaux. Faites revenir l'oignon bien roux. Ajoutez la citrouille coupée en morceaux, la pomme de terre et laissez cuire pendant 2 minutes. Ajoutez le thym et couvrez d'eau. Laissez cuire 35 minutes.

Mixez la préparation avec un peu de bouillon selon la consistance désirée. Incorporez la crème fraîche avant de servir.

RECETTES SUCRÉES

COMPOTE DE FRUITS FRAIS

Pour 1 portion – Préparation : 10 min – Cuisson : 20 min

1 pomme • 1 poire • quelques framboises

Épluchez les fruits et coupez-les en morceaux. Faites-les cuire à la vapeur pendant 20 minutes. Quand ils sont cuits, ôtez les framboises (les enfants n'aiment pas les grains), en gardant le jus. Mixez et laissez refroidir avant de servir.

COMPOTE DE POIRE À LA VANILLE

Pour 1 portion – Préparation : 10 min – Cuisson : 10 min

1 poire • 1 gousse de vanille

Pelez la poire et coupez-la en lamelles en enlevant les parties dures et les pépins. Mettez-les dans une casserole avec un filet d'eau et la gousse de vanille fendue en deux. Laissez cuire 10 minutes. Mixez après avoir enlevé la vanille. Servez tiède.

CRÈME DE BANANE AU MIEL

Pour 1 portion – Préparation : 10 min – Cuisson : 5 min

1 petite banane (80 g environ) • 150 ml de lait 2e âge • 1 cuil. à café de miel

Mixez la banane, le lait et le miel.

Dans une casserole, faites chauffer ce mélange, à feu doux, 5 minutes sans faire bouillir.

Versez dans un ramequin.

Notre conseil : *pour éviter que la banane brunisse, vous pouvez ajouter 1 cuillerée à café de jus de citron.*

ENTREMET GLACÉ À LA BANANE

Pour 1 portion – Préparation : 10 min

120 ml de lait 2e âge • ½ banane • 1 cuil. à soupe de glace à la vanille • 2 cuil. à café de miel • 1 minuscule pincée de cannelle ou de cacao en poudre (facultatif)

Coupez la banane en petits morceaux, passez-la au mixeur avec le lait, la glace et le miel jusqu'à obtention d'une crème onctueuse et homogène. Servez immédiatement dans un biberon dont la tétine est à large trou ou, pour les plus grands, dans un verre en saupoudrant éventuellement de cacao ou de cannelle.

FRUIT AU BISCUIT

Pour 1 portion – Préparation : 10 min

1 biscuit pour bébé • le jus d'1 ou de plusieurs fruits frais

Mettez le biscuit en morceaux à tremper dans le jus du ou des fruits pour qu'il ramollisse. Mixez et servez.

LAIT AU CARAMEL

Pour 1 portion – Préparation : 10 min

200 ml de lait 2e âge • 10 g de sucre

Faites chauffer le lait puis réservez-le. Faites fondre le sucre sur feu doux avec un peu d'eau dans une casserole à fond épais. Laissez chauffer jusqu'à ce qu'il prenne une couleur dorée foncée. À ce moment, éteignez le feu, versez le lait d'un seul coup et mélangez bien. Servez dans le biberon à la bonne température.

LAIT DE POULE VANILLÉ

Pour 1 portion – Préparation : 5 min – Cuisson : 3 min

200 ml de lait 1er âge • 1 jaune d'œuf • 1 sachet de sucre vanillé

Dans une casserole, faites chauffer le lait sans le faire bouillir. Dans un bol, battez au fouet le jaune d'œuf et le sucre vanillé jusqu'à ce que le mélange mousse. Délayez avec le lait, servez dans le biberon à la bonne température.

MOUSSE AUX CERISES

Pour 1 portion – Préparation : 10 min

10 cerises • 1 cuil. à soupe de petit-suisse • 1 cuil. à café de sucre en poudre

Mixez les cerises dénoyautées avec le petit-suisse. Ajoutez le sucre en poudre. Mettez au réfrigérateur avant de servir.

PURÉE DE POTIRON À LA BANANE

Pour 1 portion – Préparation : 15 min – Cuisson : 30 min

1 banane pas trop mûre • 50 g de pulpe de potiron • 1 pincée de cannelle

Préchauffez le four à 180 °C (th. 6).

Lorsqu'il est chaud, déposez la banane non pelée sur la plaque. Laissez cuire 25 minutes avant de la peler. Faites cuire la pulpe de potiron coupée en dés dans très peu d'eau. Lorsque le potiron est tendre, égouttez-le et pressez-le bien dans un torchon propre pour en extraire l'eau. Mélangez la banane cuite avec le potiron, ajoutez 1 pincée de cannelle et servez tiède.

À partir de 7 mois

RECETTES SALÉES

ARTICHAUTS MARINS

Pour 1 portion – Préparation : 15 min – Cuisson : 20 min

15 g de filet de cabillaud • 2 fonds d'artichauts (crus ou déjà cuits) • 1 noisette de beurre • un peu de jus de citron

Lavez bien les artichauts et faites-les cuire à la vapeur pendant environ 15 minutes. Faites cuire le poisson au court-bouillon après avoir ôté les arêtes. Une fois les artichauts cuits, effeuillez-les. Lorsque le poisson est cuit à son tour, mixez-le avec les fonds d'artichauts jusqu'à obtenir une purée onctueuse. Arrosez le tout de quelques gouttes de jus de citron (afin que la préparation ne noircisse pas), ajoutez 1 noisette de beurre, mélangez et servez.

BRANDADE DE POISSON

Pour 1 portion – Préparation : 15 min – Cuisson : 30 min

1 grosse pomme de terre • 15 g de filet de colin • 30 ml de lait 1er âge • 1 noisette de beurre • ¼ de sachet de court-bouillon • chapelure fine

Faites cuire la pomme de terre coupée en morceaux dans une casserole d'eau pendant environ 15 minutes. Dans une autre casserole, faites cuire le poisson au court-bouillon pendant environ 10 minutes. Réduisez la pomme de terre en purée et ajoutez le lait. Placez la moitié de cette purée dans un ramequin beurré, ajoutez une couche de poisson et recouvrez du reste de purée et de la chapelure. Faites dorer légèrement au four et servez.

BOUILLIE DE SEMOULE À LA RATATOUILLE

Pour 1 portion – Préparation : 5 min – Cuisson : 5 min

130 g de ratatouille en petit pot • 2 cuil. à soupe rases de semoule fine • 100 ml de lait 2e âge

Faites chauffer le lait. Ajoutez la semoule et portez à ébullition. Laissez gonfler 3 minutes environ à feu doux en remuant constamment. Retirez la casserole du feu, versez la bouillie dans une assiette creuse. Ajoutez la ratatouille préalablement chauffée à feu doux et mélangez bien. Servez aussitôt.

BRANDADE D'ÉPINARDS

Pour 1 portion – Préparation : 10 min – Cuisson : 25 min

1 petite pomme de terre (80 g) • 100 g d'épinards hachés surgelés • 50 ml de lait 2ᵉ âge • 20 g d'escalope de saumon • 1 noisette de beurre

Épluchez et lavez la pomme de terre. Coupez-la en dés et placez les morceaux dans une casserole. Ajoutez les épinards décongelés et 100 ml d'eau. Faites cuire à feu très doux pendant 20 minutes. Ajoutez le morceau de poisson et poursuivez la cuisson 4 minutes. Égouttez l'ensemble. Placez les légumes, le poisson et le lait dans le mixeur. Mixez jusqu'à obtention d'une purée homogène. Ajoutez le beurre avant de servir.

CAVIAR D'AUBERGINE AU BŒUF

Pour 1 portion – Préparation : 15 min – Cuisson : 10 min

150 g d'aubergine • 10 g de viande de bœuf • 50 ml de lait 2ᵉ âge

Lavez l'aubergine et partagez-la en deux. Placez les 2 morceaux dans un autocuiseur. Faites cuire 4 minutes à partir de la mise sous pression. Faites revenir la viande dans une poêle antiadhésive. Lorsque l'aubergine est cuite, grattez l'intérieur avec une petite cuillère, puis placez dans le mixeur la chair d'aubergine, le lait et la viande. Mixez pour obtenir une purée homogène.

COLCANNON (PLAT IRLANDAIS)

Pour 1 portion – Préparation : 15 min – Cuisson : 20 min

1 grosse pomme de terre • 1 poireau • 1 petit chou • ½ oignon • 1,5 cuil. à soupe de crème fraîche

Lavez, épluchez et coupez en petits dés le poireau, la pomme de terre et l'oignon. Hachez grossièrement le chou. Déposez le tout dans une casserole avec une petite quantité d'eau (les légumes doivent juste être recouverts) et portez à ébullition environ 20 minutes jusqu'à ce qu'ils soient tendres. Égouttez et écrasez tous les légumes, puis incorporez la crème fraîche avant de servir.

CRÈME DE MAÏS

Pour 1 portion – Préparation : 10 min – Cuisson : 10 min

1 petite boîte de grains de maïs doux • 250 ml de lait 2ᵉ âge • 1 petite pincée de noix de muscade en poudre • 1 noisette de beurre

Rincez bien à l'eau les grains de maïs. Faites bouillir le lait. Une fois le lait chaud, passez le maïs au mixeur, en ajoutant petit à petit le lait, jusqu'à obtenir une crème bien onctueuse, puis ajoutez la poudre de muscade et le beurre. Servez.

CRÈME DE PETITS POIS AU JAMBON

Pour 1 portion – Préparation : 15 min – Cuisson : 25 min

100 g de petits pois frais ou surgelés • 250 ml de lait 2e âge • 20 g de jambon blanc

Mixez le jambon. Faites cuire les petits pois 20 minutes environ dans une casserole d'eau bouillante. Égouttez-les et mixez-les.

Dans une casserole, faites chauffer à feu doux le jambon, les petits pois et le lait.

DÉLICE DE POULET À LA PÊCHE

Pour 1 portion – Préparation : 5 min

20 g de poulet cuit désossé et haché • 30 g de riz brun cuit • 1 pêche mûre • 1 cuil. à soupe de jus de pêche • 1 cuil. à soupe de lait 2e âge • 1 cuil. à dessert de germe de blé

Mélangez ensemble tous les ingrédients. Hachez-les plus ou moins sommairement au robot de cuisine, selon la dentition de Bébé et servez.

FLAN DE COURGETTE ET COMTÉ

Pour 2 portions – Préparation : 15 min – Cuisson : 20 min

2 petites courgettes (350 g) • 200 ml de lait 2e âge • 1 cuil. à café de farine • 1 œuf • 30 g de comté râpé

Préchauffez le four à 200 °C (th. 7).

Lavez et râpez les courgettes avec leur peau.

Dans un saladier, mélangez le lait, l'œuf, la farine et la courgette. Versez dans 2 ramequins et saupoudrez de fromage râpé.

Faites cuire au four 20 minutes environ.

Variante *: vous pouvez ajouter 20 g de poisson (en miettes) préalablement cuit au four à micro-ondes.*

FLAN AUX ÉPINARDS

Pour 2 portions – Préparation : 15 min – Cuisson : 40 min

1 grosse pomme de terre (200 g) • 100 g d'épinards frais ou surgelés • 1 œuf • 10 cuil. à soupe de lait 2e âge • 1 cuil. à café de crème fraîche • 1 cuil. à café de chapelure

Lavez la pomme de terre et faites-la cuire 20 minutes dans de l'eau. Portez à ébullition un peu d'eau. Nettoyez les épinards frais et mettez-les dans l'eau bouillante (ne décongelez pas les surgelés), portez de nouveau à ébullition et laissez cuire environ 2 minutes. Égouttez et réduisez en purée les épinards. Préchauffez le four à 180 °C (th. 6). Épluchez la pomme de terre et réduisez-la en purée. Mélangez avec les épinards, la chapelure et l'œuf. Graissez 2 petits moules et garnissez-les avec la purée. Faites cuire au four au bain-marie environ 15 minutes. Chauffez le lait avec la crème fraîche. Mettez les flans aux épinards sur des assiettes et arrosez de lait.

FILET DE CABILLAUD AU FENOUIL

Pour 1 portion – Préparation : 15 min – Cuisson : 30 min

20 g de filet de cabillaud • ½ bulbe de fenouil (120 g environ) • quelques feuilles de basilic • 1 noisette de beurre

Lavez le fenouil, puis faites-le cuire dans une casserole d'eau bouillante pendant environ 30 minutes, à feu moyen. Lavez les feuilles de basilic et coupez-les très finement à l'aide de ciseaux de cuisine. Une fois le fenouil cuit, réduisez-le en purée et mélangez-le avec le basilic. Dans une poêle antiadhésive, faites griller le poisson. Ôtez-en les arêtes, émiettez-le, puis disposez-le ensuite dans l'assiette de Bébé. Ajoutez la purée de fenouil et servez avec un peu de beurre.

FILET DE MERLAN À LA PURÉE DE BROCOLI

Pour 1 portion – Préparation : 15 min – Cuisson : 20 min

20 g de filet de merlan • 2 pommes de terre • 60 g de brocoli • 1 pincée de persil haché • 1 noisette de beurre

Épluchez et lavez les légumes, coupez-les en morceaux et faites-les cuire dans une casserole d'eau pendant 20 minutes. Pendant ce temps, faites cuire le poisson dans une petite poêle, puis émiettez-le dans l'assiette de Bébé. Mixez les légumes et versez-les dans l'assiette à côté du poisson, beurrez et ajoutez le persil.

FLAN DE MERLAN ET HARICOTS VERTS AU CERFEUIL

Pour 2 portions – Préparation : 15 min – Cuisson : 30 min

40 g de filet de merlan • 300 g de haricots verts • 100 ml de lait 2e âge • 1 jaune d'œuf extra-frais • 1 cuil. à café rase de fécule de maïs • 1 branche de cerfeuil

Lavez et effilez les haricots verts. Faites-les cuire 15 minutes dans un peu d'eau frémissante non salée. Ajoutez le poisson, poursuivez la cuisson 4 minutes. Égouttez les haricots. Mixez-les pour obtenir une purée. Préchauffez le four à 180 °C (th. 6). Mixez le poisson. Ajoutez le lait, le jaune d'œuf, la fécule de maïs et le cerfeuil haché. Versez ce mélange dans la purée de haricots. Disposez dans 2 ramequins. Faites cuire 10 minutes au bain-marie dans le four.

POTAGE AUX COURGETTES RÂPÉES

Pour 1 portion – Préparation : 15 min – Cuisson : 20 min

½ courgette (80 g environ) • 150 ml de lait 2e âge • 1 carotte (80 g environ)

Épluchez, lavez et coupez la carotte en rondelles. Lavez et râpez finement la courgette.

Faites cuire les rondelles de carottes 15 minutes dans une casserole d'eau bouillante. Mixez-les. Dans une autre casserole, mélangez les courgettes finement râpées, la purée de carottes et le lait. Faites cuire environ 5 minutes à feu doux.

POTAGE MÂCHE-POIREAU

Pour 1 portion – Préparation : 10 min – Cuisson : 20 min

100 g de mâche • 150 ml de lait 2e âge • 50 g de blanc de poireau

Lavez et hachez la mâche et le poireau.

Dans une casserole, faites bouillir de l'eau et ajoutez le poireau émincé. Faites cuire 10 minutes. Ajoutez ensuite la mâche et laissez encore cuire 5 minutes.

Mixez le poireau et la mâche puis ajoutez le lait. Faites chauffer à nouveau 2 à 3 minutes sur feu doux.

PURÉE DE COURGE ET JAUNE D'ŒUF

Pour 1 portion – Préparation : 10 min – Cuisson : 20 min

140 g de courge • ⅓ de jaune d'œuf • 1 noix de beurre

Épluchez la courge, éliminez les fibres, les graines et bien sûr l'écorce, et coupez la chair en dés. Faites cuire ces dés de courge à la Cocotte-Minute pendant 10 minutes.

Pendant ce temps, faites durcir un œuf. Une fois les légumes cuits, égouttez-les et ajoutez-y le tiers de jaune d'œuf, puis écrasez-le tout. Ajoutez 1 noix de beurre et servez.

PURÉE DE FENOUIL

Pour 1 portion – Préparation : 15 min – Cuisson : 15 min

1 petite pomme de terre • 100 g de fenouil • ½ carotte pas trop grosse • 200 ml de lait 2e âge • ⅓ de jaune d'œuf (ou 20 g de poisson blanc cuit et émietté) • 1 noisette de beurre

Lavez et épluchez tous les légumes puis coupez-les en petits morceaux. Dans une casserole, versez les légumes, recouvrez d'un peu d'eau et faites cuire à feu doux pendant 15 minutes. Lorsque les légumes sont cuits, passez-les au mixeur afin d'obtenir une petite purée. Ajoutez ensuite le tiers de jaune d'œuf (ou le poisson), le beurre, le lait 2e âge tiède. Mélangez bien le tout et servez.

PURÉE DE POISSON

Pour 1 portion – Préparation : 5 min – Cuisson : 5 min

20 g de filet de merlan • ½ cuil. à café de jus de citron • 1 noisette de beurre

Faites cuire le merlan 5 minutes dans de l'eau bouillante, légèrement citronnée. Après l'avoir égoutté, passez-le au mixeur en incorporant le beurre.

PURÉE DE POISSON ET ARTICHAUTS

Pour 1 portion – Préparation : 20 min – Cuisson : 25 min

20 g de filet de cabillaud • 2 artichauts (ou 2 fonds d'artichaut déjà cuits) • 1 noisette de beurre • Jus de citron

Lavez bien les artichauts et faites-les cuire à la vapeur pendant environ 15 minutes (ou au micro-ondes, si les artichauts humides sont préalablement enveloppés d'un film plastique, pendant 8 minutes environ). Faites cuire au court-bouillon le poisson dont vous aurez préalablement ôté les arêtes. Une fois les artichauts cuits, effeuillez-les. Lorsque le poisson est cuit à son tour, passez-le avec les fonds d'artichaut dans le mixeur afin d'obtenir une purée onctueuse. Arrosez le tout de quelques gouttes de jus de citron afin que la préparation ne noircisse pas. Ajoutez le beurre, mélangez et servez.

PURÉE DE POMMES DE TERRE AUX TOMATES

Pour 1 portion – Préparation : 15 min – Cuisson : 17 min

100 g de pommes de terre • 100 g de tomates • 1 noisette de beurre • 1 feuille de basilic

Lavez les pommes de terre et faites-les cuire dans un peu d'eau, à feu doux, pendant 15 minutes. Portez de l'eau à ébullition. Lavez les tomates, plongez-les dans l'eau bouillante pendant 2 minutes. Égouttez-les, pelez-les et passez-les au presse-purée. Lavez la feuille de basilic et hachez-la finement. Pelez les pommes de terre, passez-les au moulin à légumes. Mélangez la pomme de terre, la tomate, le basilic et le beurre et versez dans une assiette creuse.

PURÉE DE POMMES DE TERRE ET DE CAROTTES À LA VIANDE

Pour 1 portion – Préparation : 15 min – Cuisson : 25 min

2 pommes de terre • 2 carottes • 15 g de bœuf haché • 1 cuil. à café de persil haché • 1 noisette de beurre

Épluchez, lavez, coupez les légumes en morceaux et faites-les cuire dans une casserole d'eau pendant 20 minutes. Pendant ce temps, faites cuire la viande hachée dans une petite poêle. Mixez les légumes et la viande, versez le mélange dans l'assiette de Bébé, ajoutez le beurre et le persil haché.

PURÉE DE POTIRON À L'ŒUF

Pour 1 portion – Préparation : 10 min – Cuisson : 20 min

150 g de potiron • ⅓ de jaune d'œuf extra-frais • 50 ml de lait 2e âge

Épluchez le potiron, enlevez toutes les graines, lavez-le à l'eau puis coupez-le en morceaux. Disposez les morceaux de potiron dans une casserole contenant un peu d'eau. Laissez cuire 10 minutes puis placez les morceaux avec le lait dans le mixeur. Mixez jusqu'à obtention d'une purée homogène. Faites durcir un œuf. Enlevez la coquille et séparez le jaune du blanc. Écrasez le tiers de jaune à la fourchette et parsemez la crème de potiron de jaune d'œuf émietté.

QUENELLES D'ÉPINARDS AU BŒUF

Pour 1 portion – Préparation : 15 min – Cuisson : 25 min

100 g d'épinards hachés • 100 ml de lait 2e âge • 10 g de farine • 10 g de beurre • 2 cuil. à soupe de concassée de tomates • 20 g de bœuf haché

Dans une casserole d'eau bouillante, faites cuire les épinards 10 minutes. Égouttez-les et réservez-les.

Dans une poêle antiadhésive, faites revenir le bœuf, ajoutez la concassée de tomates et les épinards.

Dans une casserole, faire fondre le beurre puis jetez-y en pluie la farine. Faites roussir quelques minutes et versez le lait. Laissez épaissir cette béchamel pendant 10 minutes.

Réalisez de petites quenelles d'épinards avec 2 cuillères à soupe et nappez-les de béchamel.

SOLE SUR LIT D'ÉPINARDS

Pour 1 portion – Préparation : 15 min – Cuisson : 25 min

40 g de jeunes feuilles d'épinards • 20 g de filet de sole • 1 cuil. à café d'huile d'olive • 1 pincée de sucre

Préchauffez le four à 220 °C (th. 7).

Équeutez, lavez et émincez les feuilles d'épinards. Mettez-les à fondre à sec dans une petite poêle à feu assez vif. Une fois les épinards bien réduits, égouttez-les, pressez-les, puis remettez-les quelques instants à sécher dans la poêle en remuant pour qu'ils n'accrochent pas. Mixez-les avec l'huile d'olive et le sucre.

Découpez un rectangle de papier aluminium et posez la sole sur le lit d'épinards mixés. Refermez la papillote en prenant bien soin de la rendre hermétique. Enfournez pour une quinzaine de minutes environ.

VELOUTÉ VERT AMANDE

Pour 1 portion – Préparation : 5 min – Cuisson : 15 min

1 belle courgette • 1 fromage fondu (type Kiri®) • 1 petite gousse d'ail écrasée • ciboulette ciselée

Lavez et essuyez la courgette puis coupez-la en morceaux. Dans une petite casserole, faites cuire les morceaux de courgette et l'ail dans un peu d'eau pendant 10 à 15 minutes Mixez le tout avec le fromage fondu. Décorez avec la ciboulette.

RECETTES SUCRÉES

COMPOTE POIRE-ABRICOT SUR LIT DE CRÈME

Pour 1 portion – Préparation : 10 min – Cuisson : 10 min

100 g de poires • 100 ml de lait • 1 cuil. à café de farine • 50 g d'abricots

Lavez, pelez et coupez la poire en morceaux. Lavez les abricots et retirez-en les noyaux. Coupez-les en petits morceaux.

Dans une casserole, faites cuire les fruits 5 minutes avec 50 ml d'eau. Mixez-les.

Mélangez le lait et la farine. Versez le tout dans une casserole et faites cuire 5 minutes environ à feu doux afin de réaliser une petite crème.

Dans un ramequin ou un petit bol, versez la crème et ajoutez dessus la compote de fruits

CRÈME DE RIZ

Pour 1 portion – Préparation : 10 min – Cuisson : 5 min

Prenez une tasse comme mesure

1 mesure de riz moulu fin ou concassé • 1 mesure de lait • 3/4 de mesure de sucre en poudre • 7 mesures d'eau • ½ mesure d'eau de fleur d'oranger

Mettez les ingrédients (sauf la fleur d'oranger) dans une cocotte en fonte (de préférence) et sur feu doux. Faites chauffer sans cesser de remuer. Lorsque le mélange commence à bouillir, ajoutez la fleur d'oranger et laissez cuire encore, toujours en remuant. Quand la crème épaissit, éteignez le feu et versez dans un ramequin. Mettez au frais.

FRUITS AU COTTAGE CHEESE

Pour 1 portion – Préparation : 10 min – Réfrigération : 30 min

½ tasse de cottage cheese • ½ tasse de fruits frais, crus ou cuits • 4 à 6 cuil. à café de jus d'orange • 2 cuil. à café de miel

Mixez l'ensemble des ingrédients et faites rafraîchir au réfrigérateur 30 minutes. Servez froid.

LAIT CLAIR DE LUNE

Pour 1 portion – Préparation : 10 min

quelques fruits au choix (pêches, abricots, poires...) • 2 cuil. à soupe de sucre en poudre • ⅓ de jaune d'œuf • 1 cuil. à café de miel • 200 ml de lait 2e âge

Réduisez les fruits que vous avez choisis en purée avec le sucre après les avoir bien sûr lavés, épluchés et dénoyautés. Utilisez un mixeur pour éviter les morceaux. Répétez l'opération jusqu'à obtenir la contenance d'un verre.

Ajoutez ensuite le tiers de jaune d'œuf, le miel et le lait. Faites mousser le tout en mélangeant lentement. Servez dans un grand verre que vous pouvez avoir refroidi au préalable.

PURÉE DE FRAISES CITRONNÉE

Pour 1 portion – Préparation : 10 min – Réfrigération : 20 min

100 g de fraises • 100 ml de lait 2e âge • 1 biscuit bébé • 1 cuil. à café de jus de citron

Lavez et équeutez les fraises. Mixez-les avec le lait. Ajoutez le jus de citron. Versez dans un ramequin ou un petit bol et saupoudrez de biscuit émietté.

Placez au réfrigérateur 20 minutes environ avant de servir.

À partir de 8 mois

RECETTES SALÉES

ALPHABET, JAMBON ET PARFUM D'ESTRAGON

Pour 1 portion – Préparation : 10 min – Cuisson : 10 min

3 cuil. à soupe de pâtes alphabet • 20 g de jambon maigre • 2 feuilles d'estragon • 1 cuil. à café d'huile d'olive

Faites bouillir une petite casserole d'eau avec les feuilles d'estragon frais. Plongez-y les pâtes alphabet et laissez cuire jusqu'à ce qu'elles soient tendres. Égouttez et retirez les feuilles d'estragon. Mixez finement 20 g de jambon maigre, puis mélangez-le avec les pâtes et l'huile d'olive.

BAR AU FENOUIL

Pour 1 portion – Préparation : 15 min – Cuisson : 40 min

25 g de filet de bar • 150 g de fenouil • 1 filet de jus de citron • 1 noisette de beurre

Épluchez soigneusement le bulbe de fenouil. Lavez-le, coupez-le finement et faites-le cuire à la vapeur pendant 35 minutes. Réduisez le fenouil en purée et ajoutez la noisette de beurre. Faites cuire le poisson au court-bouillon 5 minutes puis émiettez-le. Arrosez avec le jus de citron. Disposez dans une assiette la purée de fenouil et parsemez de poisson.

COTTAGE CHEESE SUCRÉ-SALÉ

Pour 1 portion – Préparation : 10 min

100 g de fromage cottage cheese • ¼ de poire • 1 cuil. à café d'eau ou de jus de poire • 3 cuil. à soupe de cheddar râpé

Pelez le quart de poire puis coupez-le en morceaux. Mettez le cottage cheese, les morceaux de poires et l'eau (ou le jus) dans un mixeur. Réduisez le tout en purée pendant 20 à 30 secondes. Garnissez avec le cheddar.

COURGETTES FAÇON PARMENTIER

Pour 1 portion – Préparation : 15 min – Cuisson : 20 min

1 pomme de terre • 1 petite courgette • huile d'olive

Épluchez la pomme de terre, lavez-la et coupez-la en morceaux. Mettez-la à cuire dans de l'eau ou à la vapeur une dizaine de minutes environ. Égouttez et écrasez-la en purée avec quelques gouttes d'huile d'olive. Frottez sous l'eau la peau d'une mini courgette, ou d'un tronçon (d'environ 6 cm), avant de la couper en petits dés. Faites-les cuire doucement dans une poêle anti-adhésive couverte jusqu'à ce qu'ils soient tendres. Au besoin, ajoutez un peu d'eau pour que la courgette ne colore pas trop. Écrasez-la avec quelques gouttes d'huile d'olive. Disposez dans un ramequin, couvrez de purée puis passez sous le gril quelques minutes pour dorer.

CRÈME À LA CIBOULETTE

Pour 1 portion – Préparation : 10 min – Cuisson : 3 min

1 yaourt • 100 ml de lait 2e âge • ⅓ de jaune d'œuf • 2 brins de ciboulette

Videz le yaourt dans une casserole. Ajoutez le lait, le tiers de jaune d'œuf et la ciboulette hachée finement. Mélangez bien. Faites tiédir sur feu doux, sans cesser de remuer. Reversez dans le pot de yaourt vide. Vérifiez la température. Servez à la petite cuillère.

CRÈME DE TAPIOCA SALÉE

Pour 1 portion – Préparation : 10 min – Cuisson : 10 min

250 ml de lait 2e âge • 4 ou 5 cuil. à soupe de semoule de tapioca (type Floraline®) • 1 pincée de fromage râpé • 1 noisette de beurre • ⅓ de jaune d'œuf

Dans une casserole, portez le lait à ébullition. Versez la semoule en pluie tout en fouettant énergiquement (pour éviter qu'elle ne colle et ne fasse des grumeaux). Laissez cuire à feu doux pendant 4 ou 5 minutes sans cesser de fouetter.

Retirez du feu pour ajouter le beurre et le fromage. Laissez refroidir 2 minutes, incorporez le tiers de jaune d'œuf et servez.

DINDE ET RIZ AUX PETITS LÉGUMES

Pour 1 portion – Préparation : 15 min – Cuisson : 40 min

30 g d'escalope de dinde • 1 poignée de petits pois • 1 carotte • ½ oignon • 1 tomate pelée • ½ branche de céleri • 1 poignée de riz rond • 1 feuille de laurier • 2 brins de persil • 1 noix de beurre (ou 1 cuil. à café d'huile d'olive)

Coupez l'escalope de dinde en très petits morceaux. Pelez la carotte et coupez-la en petits dés. Pelez et hachez finement l'oignon. Hachez grossièrement le céleri. Faites revenir l'escalope de dinde coupée en petits dés et l'oignon haché dans un peu d'huile ou de beurre. Mouillez avec 1 verre d'eau et ajoutez tous les légumes, le laurier et le persil. Quand la viande et les légumes sont cuits, incorporez le riz et laissez cuire jusqu'à ce qu'il ait absorbé le liquide.

ESCALOPE DE POULET ET PURÉE DE HARICOTS VERTS

Pour 1 portion – Préparation : 15 min – Cuisson : 30 min

30 g d'escalope de poulet • 100 g de haricots verts • 1 pomme de terre • 1 branche de persil • 1 noisette de beurre

Coupez l'escalope de poulet en petits dés.

Lavez et effilez les haricots verts, puis coupez-les en deux. Faites-les cuire dans un grand volume d'eau pendant 10 minutes.

Épluchez et lavez la pomme de terre, puis coupez-la en petits dés. Hachez le persil.

Dans une cocotte, faites fondre le beurre et faites-y revenir les dés de poulet et les dés de pomme de terre. Ajoutez ensuite les haricots verts, le persil. Versez 1 verre d'eau.

Couvrez et laissez cuire pendant 15 minutes. Surveillez la cuisson en remuant de temps en temps.

Notre conseil : *selon l'âge de l'enfant, vous pouvez mixer la préparation avant de la servir.*

FILET DE MERLAN À LA BÉCHAMEL VERTE

Pour 1 portion – Préparation : 15 min – Cuisson : 15 min

1 petit filet de merlan (20 ou 25 g) • 1 cuil. à soupe rase de farine • 100 ml de lait 2ᵉ âge • 1 poignée de feuilles d'épinards (ou de cresson) • 1 noisette de beurre • 1 petite pincée de noix de muscade en poudre

Lavez soigneusement les feuilles d'épinards, placez-les dans une petite casserole, sans eau ni beurre, couvrez et laissez cuire pendant 5 minutes sur feu doux. Égouttez-les et passez-les au mixeur. Portez le lait à ébullition et réservez-le.

Dans une autre petite casserole, laissez fondre le beurre sur feu doux jusqu'à ce qu'il mousse légèrement. Ajoutez alors la farine et mélangez bien afin d'éviter les grumeaux. Versez ensuite le lait chaud et la muscade en remuant bien. Laissez cuire sur feu très doux pendant 5 minutes, sans cesser de mélanger, jusqu'à ce que la béchamel épaississe. Retirez du feu. Incorporez alors les feuilles d'épinards mixées à cette sauce.

Faites cuire le poisson à la vapeur (ou au court-bouillon) pendant 5 minutes. Une fois qu'il est cuit, ôtez les arêtes et émiettez-le. Versez la béchamel dessus et servez.

Notre conseil : *vous pouvez servir ce plat avec un peu de riz ou de carottes cuites à la vapeur.*

GRATIN DE FENOUIL

Pour 1 portion – Préparation : 15 min – Cuisson : 25 min

150 g de fenouil • 100 ml de lait 2e âge • 1 cuil. à café de fécule de maïs • 10 g de gruyère râpé

Épluchez soigneusement le bulbe de fenouil. Lavez-le, coupez-le et placez-le dans un autocuiseur. Faites-le cuire en comptant 7 minutes à partir de la mise sous pression. Préparez pendant ce temps une sauce blanche : délayez à froid dans une casserole la fécule de maïs avec le lait. Faites épaissir à feu doux tout en remuant et ajoutez le gruyère râpé. Préchauffez le four à 210 °C (th. 7). Coupez le fenouil cuit en petits morceaux. Disposez les morceaux de fenouil et la sauce dans un plat allant au four et faites gratiner 15 minutes.

HACHIS PARMENTIER

Pour 1 portion – Préparation : 15 min – Cuisson : 30 min

2 grosses pommes de terre • 20 g de bœuf haché • ¼ de verre de lait 2e âge • 1 noisette de beurre

Pelez les pommes de terre, lavez-les, puis coupez-les en morceaux. Faites-les cuire à l'eau bouillante pendant 20 minutes et passez au presse-purée. Délayez avec le lait. Préchauffez le four à 210 °C (th. 7). Étalez la viande au fond d'un petit plat à four beurré, recouvrez d'une couche de purée. Déposez le beurre sur le plat et enfournez. Laissez cuire pendant environ 10 minutes. Servez.

Variante : *vous pouvez remplacer le bœuf par du blanc de poulet ou de dinde.*

PAPILLOTE DE LAPIN À LA SAUGE

Pour 1 portion – Préparation : 10 min – Cuisson : 10 min

20 g de lapin • 1 filet de jus de citron • 2 feuilles de sauge

Préchauffez le four à 240 °C (th. 8).

Coupez la viande en tout petits cubes. Disposez-les dans une papillote d'aluminium. Ajoutez le jus de citron et les feuilles de sauge hachées finement. Fermez soigneusement la papillote. Faites cuire à four chaud pendant 10 minutes. Ouvrez la papillote et hachez la viande. Servez dans la papillote.

PETIT COUSCOUS À L'AGNEAU

Pour 1 portion – Préparation : 15 min – Cuisson : 18 min

1 verre de semoule • 1 carotte • 1 petite courgette • 1 peu de blanc de poireau • 15 g d'agneau cuit • persil • 1 filet d'huile

Pelez la carotte et coupez-la en petits morceaux. Lavez la courgette, coupez les extrémités et détaillez-la également en petits morceaux. Faites bouillir de l'eau, mettez-y les légumes coupés finement et le persil haché, faites cuire pendant 10 minutes environ, puis ajoutez la semoule. Laissez cuire encore 8 minutes.

Égouttez et ajoutez un filet d'huile et la viande. Écrasez ou mixez en fonction de l'âge de votre bébé.

Variante : *vous pouvez tout à fait remplacer l'agneau par un petit morceau de blanc de poulet cuit.*

PETIT PLAT FRAÎCHEUR

Pour 1 portion – Préparation : 15 min

½ tranche de jambon blanc • 5 cuil. à soupe de fromage blanc à 40 % de MG • 1 dizaine de petits radis roses doux • 4 feuilles de salade verte • 1 branche de persil plat • 1 cuil. à café de jus de citron

Épluchez et lavez soigneusement les radis, les feuilles de salade et le persil. Passez-les, ainsi que le jambon, le jus de citron et le fromage blanc, au mixeur afin d'obtenir une crème bien onctueuse. Servez à Bébé.

Variante : *à partir de 1 an, vous pouvez remplacer le jambon par 1 œuf dur.*

PETITE RATATOUILLE ET SA POLENTA

Pour 1 portion – Préparation : 20 min – Cuisson : 40 min

Pour la ratatouille : • 1 tomate • ¼ de poivron vert • ½ courgette • 40 g d'aubergine • ½ oignon • 1 cuil. à café d'huile d'olive • 3 ou 4 olives noires dénoyautées • 1 petite feuille de laurier • 1 branche de thym • Pour la polenta : • 200 ml de lait demi-écrémé • 40 g de polenta • 1 noisette de beurre • 1 petite pincée de noix de muscade

Lavez et épluchez tous les légumes (sauf la courgette). Faites cuire l'aubergine, l'oignon et le poivron à la vapeur avec les herbes pendant 20 minutes. Ajoutez la tomate, la courgette et les olives, et prolongez la cuisson 15 minutes.

Pendant ce temps, portez le lait à ébullition dans une petite casserole, avec la noix de muscade. Baissez le feu et jetez alors la polenta en pluie. Mélangez et laissez cuire pendant 5 minutes, sans cesser de remuer à l'aide d'une cuillère en bois. Lorsque la polenta se détache des parois de la casserole, arrêtez le feu, incorporez le beurre, versez le tout dans un petit moule de forme rigolote et laissez refroidir.

Une fois la ratatouille cuite, enlevez la peau de la tomate, la feuille de laurier et la branche de thym. Écrasez le tout avec une fourchette et placez dans l'assiette de Bébé. Démoulez la polenta à côté et servez.

POMMES DE TERRE À L'ANGLAISE

Pour 1 portion – Préparation : 10 min – Cuisson : 20 min

200 g de pommes de terre • 10 g de beurre

Lavez, pelez et découpez les pommes de terre en forme de petites boules.

Faites-les cuire dans de l'eau bouillante pendant 20 minutes.

Lorsqu'elles sont bien tendres, égouttez-les.

Faites fondre le beurre sur les pommes de terre encore chaudes et écrasez-les finement.

POTAGE À L'OSEILLE

Pour 1 portion – Préparation : 10 min – Cuisson : 35 min

50 g de jeunes feuilles d'oseille • 2 pommes de terre (150 g) • 1 cuil. à soupe de crème

Lavez les légumes. Ciselez les feuilles d'oseille. Pelez et coupez les pommes de terre en rondelles. Mettez le tout dans une casserole avec 30 ml d'eau. Couvrez et faites cuire à feu doux 35 minutes. Passez au moulin à légumes. Remettez dans la casserole, ajoutez la crème et réchauffez avant de servir.

POTAGE DE POULET AU RIZ

Pour 1 portion – Préparation : 10 min – Cuisson : 25 min

20 g de blanc de poulet • 2 cuil. à soupe de riz rond • 100 ml de lait 2e âge

Rincez le riz rond. Dans une casserole, portez le lait à ébullition. Faites cuire le poulet avec le riz rond pendant 25 minutes minimum, à feu très doux.

Mixez le tout et servez.

POULET À LA PROVENÇALE

Pour 1 portion – Préparation : 20 min – Cuisson : 20 min

30 g de blanc de poulet • 1 belle tomate • 1 petit oignon • thym, persil et basilic séchés • 3 cuil. à soupe rases de semoule

Pelez l'oignon et la tomate. Épépinez la tomate. Dans une petite cocotte, mettez la pulpe de tomate, le petit oignon râpé, le blanc de poulet, un peu de persil, de thym et de basilic séchés. Couvrez le tout avec de l'eau. Fermez et faites cuire pendant 15 minutes.

Retirez le poulet ainsi qu'un peu de jus, mixez-les ensemble puis reversez-les dans la cocotte. Portez à ébullition puis ajoutez la semoule en mélangeant. Laissez cuire pendant 3 minutes encore sans cesser de remuer. Veillez à ce que le mélange ne soit pas trop épais. Servez tiède.

PURÉE DE BETTERAVE, MÂCHE ET CAROTTE

Pour 1 portion – Préparation : 15 min – Cuisson : 15 min

30 g de betterave rouge cuite • 1 carotte moyenne • 15 g de mâche • 2 brins de ciboulette • 1 cuil. à café de yaourt • 1 noisette de beurre

Épluchez la carotte. Lavez-la ainsi que la mâche et la ciboulette. Faites cuire 12 minutes à la vapeur la carotte coupée en rondelles. Ébouillantez 1 minute la mâche. Épluchez la betterave. Passez le tout au mixeur. Faites réchauffer 2 minutes sur feu doux. Incorporez la noisette de beurre, le yaourt et la ciboulette finement hachée. Servez.

PURÉE DE CAROTTES AU FROMAGE

Pour 1 portion – Préparation : 10 min – Cuisson : 15 min

4 petites carottes • 1 carré de crème de gruyère • 1 cuil. à café d'huile d'olive

Épluchez et lavez les carottes. Coupez-les en morceaux. Faites-les cuire dans de l'eau bouillante pendant 15 minutes environ. Égouttez et mixez-les.

Incorporez le fromage. Mélangez. Ajoutez l'huile d'olive. C'est prêt !

PURÉE DE CAROTTES À LA POMME

Pour 1 portion – Préparation : 15 min – Cuisson : 20 min

2-3 carottes nouvelles • 1 pomme • huile de colza

Grattez les carottes nouvelles, coupez les extrémités. Émincez finement les carottes, mettez-les dans une casserole et couvrez-les d'eau à hauteur. Faites-les cuire à feu moyen jusqu'à ce qu'elles soient bien tendres. Égouttez-les et écrasez-les à la fourchette ou passez-les au moulin à légumes. Simultanément, épluchez la pomme, coupez-la en dés et faites-la cuire à feu doux avec quelques gouttes de citron. Lorsque la pulpe est tendre, mélangez-la aux carottes. Ajoutez quelques gouttes d'huile de colza et servez.

Variante : *vous pouvez également servir cette purée en potage en la rallongeant avec l'eau de cuisson ou un peu de lait.*

PURÉE DE CAROTTES AU MIEL

Pour 1 portion – Préparation : 15 min – Cuisson : 20 min

2 carottes • ½ cuil. à café de jus de citron • ½ cuil. à café de miel

Épluchez les carottes et coupez-les en petits tronçons. Dans une casserole d'eau, portez les carottes et le miel à ébullition. Réduisez alors le feu, couvrez et laissez cuire à feu doux pendant 20 minutes. Passez le tout au mixeur avec le citron avant de servir.

PURÉE DE FENOUIL AU BLANC DE POULET

Pour 1 portion – Préparation : 15 min – Cuisson : 20 min

200 ml de lait 2e âge • 1 pomme de terre • 100 g de fenouil • 1 tronçon de carotte de 5 cm • 20 g de blanc de volaille • 5 g de beurre • huile d'olive

Lavez et épluchez la pomme de terre, la carotte et le fenouil. Coupez-les en petits morceaux puis mettez-les dans une casserole avec un peu d'eau. Faites cuire à feu doux 15 minutes environ.

Coupez le blanc de volaille en petits morceaux. Faites-les revenir dans une poêle légèrement graissée sur toute sa surface avec un papier huilé. Passez-les au mixeur. Égouttez les légumes puis écrasez-les avec une fourchette. Incorporez le blanc de volaille, le beurre, le lait tiède. Mélangez bien et servez.

Variante : *vous pouvez remplacer le blanc de volaille par du bœuf, du poisson à chair blanche ou 1 jaune d'œuf.*

PURÉE DE LÉGUMES AU TAPIOCA

Pour 1 portion – Préparation : 10 min – Cuisson : 5 min

150 ml de lait 2e âge • 100 g de purée ou de jus de légumes • 4 ou 5 cuil. à soupe de semoule de tapioca (type Floraline®) • 1 pincée de fromage râpé • 1 noisette de beurre

Mélangez le lait et la purée de légumes. Portez le tout à ébullition. Incorporez la semoule en pluie tout en fouettant énergiquement (pour éviter qu'elle ne colle et ne fasse des grumeaux). Laissez cuire à feu doux pendant 4 ou 5 minutes sans cesser de fouetter.

Retirez du feu, ajoutez le beurre et le fromage. Laissez refroidir 2 minutes dans une assiette avant de servir.

PURÉE DE LENTILLES

Pour 1 portion – Préparation : 15 min – Cuisson : 1 h

30 g de lentilles • 1 petite carotte • ½ oignon • 1 bouquet garni (1 petite branche de thym et ½ feuille de laurier) • 1 branche de persil • 100 ml de lait 2e âge • 1 noisette de beurre

Faites cuire les lentilles pendant 1 heure environ à l'eau bouillante (ou dans un autocuiseur, avec de l'eau froide non salée pendant environ 20 minutes), avec la carotte, l'oignon émincé, le bouquet garni. Réduisez-les en purée après avoir retiré le bouquet garni, puis ajoutez le lait, le beurre et le persil haché.

Notre conseil : *accompagnez cette purée de jambon braisé. Un délice !*

PURÉE DE TAPIOCA

Pour 1 portion – Préparation : 10 min – Cuisson : 5 min

250 ml de lait 2e âge • 4 ou 5 cuil. à soupe de semoule de tapioca (type Floraline®) • 1 pincée de fromage râpé • 1 noisette de beurre

Portez le lait à ébullition. Incorporez la semoule en pluie tout en fouettant énergiquement (pour éviter qu'elle ne colle et ne fasse des grumeaux). Laissez cuire à feu doux pendant 4 ou 5 minutes sans cesser de fouetter. Arrêtez le feu puis ajoutez le beurre et le fromage. Laissez refroidir 2 minutes dans une assiette avant de servir.

***Notre conseil** : pour rendre la purée plus souple, ajoutez 2 cuillerées à soupe de lait froid.*

RECETTES SUCRÉES

BOUDOIRS DE SEMOULE AU COULIS DE POIRE

Pour 1 portion – Préparation : 15 min – Cuisson : 40 min

½ poire • 200 ml de lait 2e âge • 20 g de semoule • 5 g de beurre

Portez à ébullition 125 ml de lait. Versez la semoule en pluie. Laissez cuire à feu doux sans cesser de remuer jusqu'à ce que la semoule devienne compacte. Incorporez le beurre. Mélangez bien. Préchauffez le four à 180 °C (th. 6). Étalez la semoule dans un plat avec le dos d'une cuillère, sur une épaisseur de 5 mm environ. Faites cuire au four 15 minutes. Démoulez-la. Coupez-la en tranches. Épluchez la poire. Mixez-la avec le restant de lait. Servez les boudoirs accompagnés du coulis de poire.

BOUILLIE DE CÉRÉALES AUX ABRICOTS

Pour 1 portion – Préparation : 5 min – Cuisson : 5 min

180 ml de lait 2e âge • 20 g de flocons de céréales pour bébé • 4 cuil. à soupe d'abricots en petit pot • 3 rondelles de banane • 1 pincée de poudre d'amandes

Dans une casserole, faites chauffer doucement le lait. Puis ajoutez en pluie les flocons de céréales. Laissez gonfler 1 à

2 minutes. Ajoutez la purée d'abricots, les rondelles de banane écrasées et la poudre d'amandes. Mélangez bien.

Notre conseil : *pour éviter que les rondelles de banane ne s'oxydent à l'air, arrosez-les avec quelques gouttes de jus de citron.*

COMPOTE DE POMME BISCUITÉE

Pour 1 portion – Préparation : 10 min – Cuisson : 10 min

1 pomme • 1 petit-beurre • 1 cuil. à café de miel

Épluchez la pomme et coupez-la en morceaux. Faites-la cuire dans une casserole d'eau 10 minutes, mixez-la avec le petit-beurre. Versez la compote dans un bol, ajoutez le miel, laissez refroidir avant de donner à Bébé.

COULIS DE FRAISE SUR PURÉE DE BANANE

Pour 1 portion – Préparation : 15 min

6 fraises • 1 banane • jus de citron

Lavez et équeutez 6 fraises bien sucrées. Passez-les au mixeur puis mettez la purée obtenue dans un petit tamis pour filtrer les grains. Écrasez à la fourchette une petite banane bien mûre (à la peau tigrée), mélangez avec quelques gouttes de jus de citron pour qu'elle ne noircisse pas. Servez aussitôt avec le coulis de fraises.

***Notre conseil :** servez immédiatement, car ce dessert ne se conserve pas. Le coulis risquerait de tourner et les bananes de s'oxyder.*

CRÈME DE BANANE

Pour 1 portion – Préparation : 5 min

1 banane • 1 petit-suisse • ½ cuil. à café de sucre en poudre • 1 cuil. à café de jus de citron

Après avoir pelé la banane, écrasez-la à l'aide d'une fourchette. Mélangez-la bien avec le petit-suisse, le sucre et le citron. Servez à Bébé.

CRÈMES À LA VANILLE

Pour 4 portions – Préparation : 15 min – Cuisson : 15 min

500 ml de lait 2ᵉ âge • 100 g de fécule de maïs • 1 sachet de sucre vanillé • 50 g de sucre

Mettez 1 tasse de lait de côté et faites chauffer le reste. Pendant ce temps, mélangez la fécule de maïs, le sucre et le sucre vanillé. Ajoutez la tasse de lait froid et battez avec un fouet. Incorporez le lait chaud tout en fouettant. Mettez le mélange sur feu doux sans cesser de fouetter.

Dès que la préparation commence à épaissir, retirez du feu et continuez de fouetter jusqu'à l'obtention d'une crème. Versez alors dans des petits pots et laissez refroidir.

CRÉMETTE AUX CÉRÉALES ET À LA BANANE

Pour 1 portion – Préparation : 10 min – Cuisson : 10 min

1 yaourt • 100 ml de lait 2e âge • ⅓ de jaune d'œuf • 10 g de céréales infantiles • 1 rondelle de banane

Videz le yaourt dans une casserole. Ajoutez le lait, le tiers de jaune d'œuf et les céréales infantiles. Mélangez bien. Faites tiédir sur feu doux, sans cesser de remuer. Reversez dans le pot de yaourt vide et décorez avec la banane. Vérifiez la température. Servez à la petite cuillère.

FOUETTÉ DE FRAISES ET FROMAGE BLANC À LA MADELEINE

Pour 1 portion – Préparation : 15 min

6 belles fraises • 1 madeleine • 2 cuil. à soupe de fromage blanc à 40 % de MG

Réduisez en purée 6 belles fraises bien mûres, préalablement lavées puis équeutées. Mixez 1 madeleine de bonne qualité jusqu'à obtenir une sorte de chapelure grossière. Battez au fouet électrique le fromage blanc avec la purée de fraises, jusqu'à obtenir une préparation légère et bien émulsionnée. Saupoudrez de madeleine. Ne servez pas trop froid.

MILK-SHAKE AUX FRUITS

Pour 1 portion – Préparation : 15 min – Cuisson : 40 min

120 ml de lait 2e âge • ½ banane (ou 1 pêche, ou tout autre fruit mûr, sauf fruits exotiques) • ½ citron • 2 cuil. à soupe de jus d'orange • 1 pincée de sucre vanillé

Après avoir épluché et coupé le fruit en petits morceaux, arrosez-le légèrement du jus du citron, puis placez-le dans le mixeur. Ajoutez le lait, le sucre vanillé, le jus d'orange et mixez pour obtenir une crème bien onctueuse. Servez immédiatement dans un biberon dont la tétine a un large trou, ou directement au verre si Bébé est déjà grand.

MOUSSE D'ABRICOTS

Pour 1 portion – Préparation : 15 min – Réfrigération : 2 h

2 abricots • 1 cuil. à soupe de fromage blanc à 40 % de MG • 1 cuil. à café rase de sucre en poudre • 20 cl de crème fleurette

Lavez, essuyez les abricots. Coupez-les en deux, retirez le noyau. Détaillez-les en morceaux. Mixez-les 1 minute pour obtenir une purée. Ajoutez le fromage blanc et le sucre en poudre. Mixez à nouveau.

Dans un bol très froid, mettez la crème fleurette et 1 cuillerée à soupe d'eau glacée. Battez au fouet électrique, vitesse moyenne, puis à grande vitesse quand elle a doublé de volume. Incorporez délicatement la crème à la préparation aux abricots. Versez dans une coupe. Mettez au réfrigérateur 2 heures avant de servir.

***Notre conseil** : vous pouvez utiliser des fruits en conserve. Dans ce cas, égouttez-les bien avant de les mixer. Suivez la même recette pour des mousses de pêche jaune, blanche, ou de nectarine…*

POMME-BANANE AU FOUR

Pour 1 portion – Préparation : 15 min – Cuisson : 15 min

½ pomme • ½ banane • ½ cuil. à café de sucre • le jus d'¼ de citron • 1 feuille de menthe (facultative)

Fabriquez une petite barquette avec une feuille de papier d'aluminium. Préchauffez le four à 220 °C (th. 7-8). Épluchez les fruits, coupez-les en cubes. Arrosez-les avec le jus de citron. Saupoudrez de sucre et, éventuellement, avec des morceaux de menthe. Enfermez le tout dans la barquette et mettez au four pendant environ 15 minutes. Laissez tiédir avant de servir.

PURÉE DE PÊCHE AU PAIN D'ÉPICES

Pour 1 portion – Préparation : 10 min – Cuisson : 1 min – Repos : 10 min

½ pêche bien mûre (30 g) • 1 tranche de pain d'épices • 1 petit-suisse

Pelez le morceau de pêche et faites-le pocher 1 minute dans de l'eau bouillante. Écrasez-le à l'aide d'une fourchette pour obtenir une purée. Ajoutez le petit-suisse battu. Mélangez bien.

Mixez la tranche de pain d'épices, parsemez-en la purée de pêche au petit-suisse. Laissez reposer 10 minutes avant de servir.

Notre conseil : *préparez ce goûter un peu à l'avance afin que le pain d'épices s'imprègne bien du mélange fruit-petit-suisse.*

À partir de 9 mois

RECETTES SALÉES

CAVIAR D'AUBERGINE

Pour 1 portion – Préparation : 15 min – Cuisson : 40 min

1 petite aubergine • 2 feuilles d'estragon • 1 cuil. à café d'huile d'olive • 1 pincée de sucre

Préchauffez le four à 210 °C (th. 7). Faites cuire l'aubergine entière environ 40 minutes.

Coupez-la en deux et récupérez la pulpe à la cuillère. Mixez avec les feuilles d'estragon et le sucre. Ajoutez l'huile d'olive et servez tiède.

CRÈME DE HADDOCK

Pour 1 portion – Préparation : 15 min – Dessalage : 1 h – Cuisson : 25 min

20 g de filet de haddock fumé • 200 ml de lait 2e âge • 1 grosse pomme de terre • ½ oignon • 1 petite feuille de laurier • 2 cuil. à café de crème fraîche

Faites dessaler le haddock dans du lait ou de l'eau pendant 1 heure. Ensuite, pochez-le dans du lait pendant 3 minutes environ. Coupez la pomme de terre en dés. Hachez l'oignon. Retirez le poisson du lait et remplacez-le par les légumes ; les morceaux doivent être entièrement recouverts par le lait. Ajoutez le laurier. Laissez cuire sur feu doux 20 minutes environ. Ôtez la feuille de laurier. Mixez le tout avec la crème fraîche jusqu'à obtenir une crème onctueuse. Ajoutez le haddock préalablement émietté, mélangez et servez.

CRÈME DE RIZ AU BOUILLON DE LÉGUMES

Pour 1 portion – Préparation : 10 min – Cuisson : 20 min

¼ de cube de bouillon de légumes • 2 cuil. à soupe de farine de riz • ½ carré de fromage frais • 1 cuil. à café d'huile d'olive

Faites bouillir 1 verre d'eau avec le bouillon de légumes. Une fois l'eau portée à ébullition, ajoutez la farine de riz. Mélangez à l'aide d'un fouet afin d'éviter la formation de grumeaux. Laissez cuire pendant environ 20 minutes en remuant régulièrement. Retirez du feu et incorporez le fromage et l'huile d'olive. Mélangez jusqu'à obtenir une préparation onctueuse.

DINDE AUX MARRONS

Pour 1 portion – Préparation : 10 min – Cuisson : 20 min

20 g d'escalope de dinde • 80 g de marrons au naturel • 80 g de fromage blanc à 40 % de MG • 1 noisette de beurre

Faites cuire l'escalope de dinde (de préférence à la vapeur) pendant 15 minutes. Lavez les marrons. Coupez la viande en petits morceaux et passez le tout au mixeur avec les marrons et le fromage blanc, jusqu'à obtention d'une crème bien onctueuse. Faites réchauffer à feu doux avec le beurre et servez.

FILET DE COLIN À LA TOMATE ET AUX CHAMPIGNONS

Pour 1 portion – Préparation : 15 min – Cuisson : 15 min

20 g de colin • 60 g de champignons de Paris • 60 de pulpe de tomates • 1 pomme de terre (60 g) • 1 cuil. à café d'huile d'olive

Épluchez et lavez la pomme de terre. Coupez-la en petits dés. Lavez et égouttez les champignons, coupez-les en morceaux. Déposez les légumes dans le panier du cuiseur vapeur. Ajoutez le colin et laissez cuire 15 minutes environ. Passez les légumes et le poisson au mixeur (ou écrasez-les simplement selon l'âge de Bébé). Avant de servir, ajoutez l'huile d'olive.

FONDUE DE COURGETTES ET DE VEAU

Pour 1 portion – Préparation : 15 min – Cuisson : 10 min

1 petite pomme de terre (50 g) • 1 courgette (150 g) • 20 g d'escalope de veau • 50 ml de lait 2e âge • 1 noisette de beurre

Épluchez et lavez la pomme de terre, puis coupez-la en dés. Lavez et essuyez la courgette, coupez les extrémités tout en conservant la peau.

Placez la pomme de terre coupée en dés et la courgette entière dans le panier de l'autocuiseur. Faites cuire 6 minutes dès la mise sous pression. Faites cuire l'escalope de veau dans une poêle sans matière grasse. Mixez les légumes cuits ainsi que la viande jusqu'à obtenir une purée homogène. Ajoutez 1 noisette de beurre au moment de servir.

GALETTES DE DINDE À LA PURÉE DE POTIMARRON

Pour 1 portion – Préparation : 15 min – Cuisson : 25 min

20 g de filet de dinde • 2 brins de persil plat • 1 pomme de terre • 100 g de potimarron • 50 ml de lait 2e âge • 1 cuil. à café de farine • 1 cuil. à café d'huile d'olive

Lavez, épluchez la pomme de terre et le potimarron. Coupez-les en petits cubes. Faites cuire 15 minutes dans 1 litre d'eau. Réduisez en purée. Incorporez le lait et mélangez bien. Pendant ce temps, mixez le filet de dinde. Incorporez le persil haché finement. Formez 2 boulettes. Aplatissez-les à la fourchette. Couvrez-les de farine. Dans une poêle antiadhésive, faites chauffer l'huile à feu doux. Laissez cuire les galettes 4 minutes de chaque côté. Servez avec la purée de potimarron.

GRATIN DE POTIRON

Pour 1 portion – Préparation : 15 min – Cuisson : 25 min

100 g de potiron • ½ oignon doux • 1 pomme de terre • 10 g de parmesan • 1 grosse pincée de gruyère râpé • 1 petite pincée de noix de muscade (facultative) • 1 noisette de beurre

Épluchez les légumes (potiron, oignon et pomme de terre), coupez-les en morceaux et mettez-les dans une casserole d'eau. Portez à ébullition puis laissez frémir pendant 20 minutes (vous pouvez aussi les faire cuire à la vapeur pendant 30 minutes environ). Une fois les légumes cuits, égouttez-les et réduisez-les en purée. Mélangez avec le beurre, la noix de muscade et le parmesan. Placez le tout dans un petit plat à gratin, saupoudrez de gruyère râpé et faites dorer au four. Servez, mais faites attention à la température !

JARDINIÈRE DE LÉGUMES AU VEAU

Pour 1 portion – Préparation : 15 min – Cuisson : 25 min

20 g de veau (escalope ou noix) • 1 carotte • 1 petite pomme de terre • ½ tasse de petits pois • ½ fond d'artichaut • ½ bulbe de fenouil • ¼ d'oignon • 1 noisette de beurre

Préparez les légumes : pelez la carotte, coupez-la en petits morceaux. Pelez le morceau d'oignon, hachez-le. Pelez la pomme de terre, lavez-la et coupez-la en petits dés. Émincez finement le fenouil. Faites revenir la viande coupée en petits morceaux avec l'oignon et le beurre. Mouillez avec un peu d'eau et ajoutez tous les légumes. Laissez cuire 20 minutes.

Mixez le tout avant de servir.

LAPIN VERDURETTE

Pour 1 portion – Préparation : 15 min – Cuisson : 25 min

20 g de râble de lapin cuit • 1 petite carotte • 30 g d'épinards natures surgelés • 30 g de riz • 1 noisette de beurre

Pelez la carotte, puis coupez-la en petits morceaux. Faites cuire à la vapeur la carotte pendant environ 20 minutes. Faites cuire le riz dans une petite casserole d'eau bouillante. Dans une autre casserole, réchauffez les épinards hachés. Une fois les légumes cuits, mixez les épinards avec le riz égoutté et le beurre, afin d'obtenir une petite purée. Hachez finement le lapin précuit avec la carotte. Servez l'ensemble.

LÉGUMES VERTS AU ROMARIN ET POLENTA AU PARMESAN

Pour 2 portions – Préparation : 15 min – Cuisson : 15 min

½ courgette • 50 g de brocoli fleurette surgelé • 50 g de haricots verts • 1 morceau de fenouil • 1 brin de romarin frais • 1 dl de polenta (semoule de maïs) • 10 g de parmesan • 100 ml de lait 2ᵉ âge

Lavez et essuyez les légumes avant de les couper en petits dés. Plongez le brocoli, les haricots verts et le romarin dans une casserole d'eau bouillante. Mettez à cuire 5 minutes. Ajoutez la courgette coupée en rondelles et le fenouil émincé. Laissez cuire 7 minutes. Une fois les légumes cuits, retirez le brin de romarin. Mixez les légumes jusqu'à obtenir la consistance souhaitée. Faites chauffer le lait avec le parmesan. Dès que la préparation bout, ajoutez la polenta hors du feu. Mélangez jusqu'à obtention d'une texture lisse et consistante. Servez les légumes mixés avec la polenta.

PÂTES AU JAMBON

Pour 1 portion – Préparation : 10 min – Cuisson : 10 à 12 min

40 g de pâtes alphabet (ou autres) • ½ tranche de jambon • 1 noisette de beurre

Faites cuire les pâtes dans une casserole d'eau bouillante pendant 10 bonnes minutes. Pendant ce temps, hachez le jambon finement (sans le gras) dans une assiette. Lorsque les pâtes sont cuites, égouttez-les, mélangez avec le beurre à côté du jambon et servez.

POTAGE À LA CHINOISE

Pour 1 portion – Préparation : 15 min – Cuisson : 15 min

30 g de nouilles fines chinoises (rayon produits exotiques des grandes surfaces) ou de vermicelles • 20 g de steak haché • ½ tablette de bouillon de bœuf concentré • quelques gouttes de jus de citron (facultatif)

Versez les pâtes dans une casserole d'eau bouillante et laissez cuire pendant 12 minutes. Délayez la tablette de bouillon dans 20 cl d'eau chaude et laissez bouillir pendant 3 minutes. Faites également cuire la viande hachée puis émiettez-la. Lorsque les nouilles sont cuites, disposez-les dans une assiette creuse, ainsi que la viande. Versez le bouillon dessus, ajoutez quelques gouttes de jus de citron et servez.

Notre conseil : *n'ajoutez surtout pas de sel, la tablette de bouillon en contient déjà.*

POTAGE ALPHABET

Pour 1 portion – Préparation : 15 min – Cuisson : 40 min

1 carotte • 1 pomme de terre • 1 blanc de poireau • 250 ml de lait 2e âge • 20 g de pâtes alphabet • 1 noisette de beurre

Faites cuire à la vapeur pendant 20 minutes tous les légumes préalablement lavés, épluchés et coupés en dés. Passez tous les légumes au mixeur, mettez-les dans une casserole avec le lait et laissez mijoter sur feu doux pendant 10 minutes. Mettez ensuite les pâtes dans la casserole et laissez cuire encore pendant 5 minutes en tournant régulièrement. Ajoutez le beurre et servez.

POTAGE AUX LENTILLES

Pour 1 portion – Préparation : 10 min – Cuisson : 1 h

50 g de lentilles • 1 branche de persil • 20 g de carotte • 1 branche de thym • 1 cuil. à soupe de crème fraîche

Triez et lavez les lentilles. Pelez la carotte et coupez-la en petites rondelles. Lavez le persil. Mettez tous ces ingrédients avec le thym dans une casserole contenant 50 cl d'eau et portez à ébullition sur feu vif. Réduisez ensuite le feu et faites cuire 1 heure à feu doux. Retirez la brindille de thym et mixez. Versez la crème au fond de l'assiette puis délayez-la peu à peu avec le potage.

POTAGE DE SEMOULE AUX CAROTTES

Pour 1 portion – Préparation : 15 min – Cuisson : 50 min

2 carottes (100 g) • 1 gousse d'ail • 20 g de semoule fine

Lavez et épluchez les carottes. Râpez-les finement. Pelez et pilez la gousse d'ail. Faites suer les carottes dans une casserole à feu vif afin d'en retirer l'eau de végétation. Mouillez avec 25 ml d'eau et portez à ébullition. Faites réduire et versez la semoule en pluie. Couvrez et laissez mijoter 40 minutes.

POTAGE DE TAPIOCA À LA TOMATE

Pour 1 portion – Préparation : 15 min – Cuisson : 30 min

1 tomate (100 g) • 180 ml de lait 2e âge • 3 cuil. à café de tapioca

Préchauffez le four à 210 °C (th. 7).

Lavez la tomate puis plongez-la quelques secondes dans de l'eau bouillante afin d'enlever la peau. Coupez-la en deux. Retirez les pépins. Disposez la tomate au milieu d'une feuille de papier d'aluminium. Formez une papillote et faites cuire 20 minutes au four. Mixez la tomate avec le lait jusqu'à obtenir un liquide homogène. Transvasez dans une casserole et versez en pluie le tapioca. Laissez cuire 10 minutes à feu doux sans cesser de remuer avec une spatule en bois.

Variante : *remplacez de temps en temps la tomate par d'autres légumes afin de varier les goûts (épinards, courgettes, haricots verts, poivrons, etc).*

PURÉE DE NUAGES

Pour 1 portion – Préparation : 10 min – Cuisson : 20 min

30 g de riz blanc • 1 cuil. à soupe de crème fraîche à 30 % de MG • 1 noisette de beurre

Faites cuire le riz dans une casserole d'eau bouillante pendant 20 minutes. Égouttez-le et réduisez-le en purée en y incorporant la crème fraîche. Ajoutez ensuite la noisette de beurre et mélangez bien le tout. C'est prêt !

PURÉE DE POIS CASSÉS

Pour 1 portion – Préparation : 10 min – Cuisson : 20 min

1 grosse poignée de pois cassés • 1 carotte • 1 noisette de beurre

Mettez les pois cassés et la carotte épluchée et coupée en morceaux dans une Cocotte-Minute et recouvrez-les d'eau froide. Placez la cocotte fermée sur feu vif. Lorsque la soupape chuchote, réduisez un peu le feu et laissez cuire 20 minutes. Égouttez les pois et la carotte en veillant à conserver l'eau de cuisson. Passez les légumes au moulin en les arrosant si besoin du jus de cuisson pour détendre la purée (mais pas trop, ce n'est pas une soupe). Ajoutez enfin le beurre avant de servir.

Notre conseil : *cette purée est idéale avec du jambon blanc braisé ou fumé.*

PURÉE MIMOSA

Pour 1 portion – Préparation : 10 min – Cuisson : 20 min

1 pomme de terre • 1 cuil. à café de fromage râpé • 10 g de beurre • 1 cuil. à soupe de lait infantile • ⅓ de jaune d'œuf • 3 brins de persil plat

Lavez, pelez et râpez finement la pomme de terre. Faites cuire 10 minutes dans une casserole d'eau bouillante. Faites cuire l'œuf 10 minutes dans l'eau bouillante. Plongez-le dans l'eau froide pour pouvoir l'écaler sans difficulté. Égouttez, écrasez le râpé de pomme de terre en purée. Incorporez le lait, le beurre, le fromage râpé et le persil finement haché. Mélangez bien. Servez immédiatement saupoudré du tiers de jaune d'œuf écrasé à la fourchette.

ROULÉS AU JAMBON

Pour 1 portion – Préparation : 10 min

2 tranches de pain de mie • ½ tranche de jambon • 2 cuil. à soupe de fromage à tartiner • 3 brins de ciboulette

Ôtez la croûte des tranches de pain de mie. Avec un rouleau à pâtisserie, aplatissez-les. Étalez dessus le fromage à tartiner. Parsemez de ciboulette ciselée. Déposez le jambon et roulez le pain sur lui-même. Enveloppez-le dans un film alimentaire. Placez les roulés au réfrigérateur jusqu'au moment de servir.

Variante : *vous pouvez aussi réaliser des roulés avec une tranche de dinde.*

SEMOULE AU BOUILLON DE LÉGUMES

Pour 1 portion – Préparation : 10 min – Cuisson : 10 min

2 cuil. à soupe de semoule • ¼ de cube de bouillon de légumes • ⅓ de jaune d'œuf • ½ carré de fromage frais (type La Vache qui rit®) • 1 cuil. à café de parmesan râpé • 1 cuil. à café d'huile d'olive

Faites bouillir 1 verre d'eau avec le bouillon de légumes. Versez la semoule en pluie. Remuez afin d'éviter la formation de grumeaux et laissez cuire pendant une dizaine de minutes. Retirez la semoule du feu, laissez refroidir un peu, puis incorporez le tiers de jaune d'œuf à la préparation. Mélangez. Ajoutez enfin l'huile d'olive et le parmesan râpé.

SOUPE DE CITROUILLE ET FROMAGE BLANC

Pour 1 portion – Préparation : 15 min – Cuisson : 30 min

100 g de citrouille • ½ pomme (fruit) • lait infantile • 1 cuil. à café d'huile de tournesol • 1 cuil. à soupe de fromage blanc

Épluchez la citrouille et la pomme, puis coupez-les en dés. Faites-les dorer dans une poêle avec l'huile. Arrosez avec 15 cl d'eau, couvrez, et laissez mijoter environ 20 minutes jusqu'à ce que la citrouille et la pomme soient bien cuites. Mixez et versez la préparation dans une casserole sur feu doux et ajoutez du lait infantile pour obtenir la consistance désirée (plus ou moins veloutée). Servez en plaçant la cuillerée de fromage blanc au centre du bol.

TRUITE À L'ESTRAGON

Pour 1 portion – Préparation : 10 min – Cuisson : 10 min

1 filet de truite de 20 g • 3-4 feuilles d'estragon • 1 cuil. à café de jus de citron • 1 noisette de beurre

Préchauffez le four à 240 °C (th. 8).

Lavez les feuilles d'estragon puis ciselez-les. Dans une papillote, mettez le filet de truite et l'estragon. Fermez bien la papillote et faites cuire 10 minutes à four chaud. Au moment de servir, ajoutez 1 noisette de beurre et le jus de citron.

VELOUTÉ DE FENOUIL AU FROMAGE FRAIS

Pour 1 portion – Préparation : 10 min – Cuisson : 15 min

¼ de bulbe de fenouil • 2 pommes de terre • 25 g de fromage frais type faisselle • 1 cuil. à café d'huile d'olive

Pelez et lavez les pommes de terre. Découpez le fenouil en fines lamelles, les pommes de terre en petits cubes et mettez-les dans une cocotte. Ajoutez de l'eau à hauteur des légumes. Fermez la Cocotte-Minute et faites cuire pendant 15 minutes. Mixez le tout et passez à la passoire fine. Ajoutez le fromage frais et mélangez.

RECETTES SUCRÉES

BANANE ET PETITS BOUDOIRS

Pour 1 portion – Préparation : 5 min

1 petite banane bien mûre • 2-3 boudoirs

Enlevez la peau de la banane, puis écrasez-la dans un bol.

Émiettez les biscuits dans une petite soucoupe et arrosez-les de quelques gouttes d'eau. Écrasez-les avec une fourchette. Mélangez les biscuits à la banane écrasée. C'est prêt !

CRÈME À L'ORANGE

Pour 2 portions – Préparation : 10 min – Cuisson : 10 min – Réfrigération : 1 h

1 orange non traitée • 7,5 cl de crème fraîche • 10 g de fécule de maïs

Coupez l'orange en deux, puis pressez-la. Raclez l'intérieur des écorces avec une petite cuillère pour récupérer environ 10 cl de jus. Gardez les écorces. Dans un bol, versez la moitié du jus d'orange. Ajoutez la fécule. Mélangez bien. Versez le reste de jus dans une casserole. Portez doucement à ébullition. Incorporez la fécule délayée sans cesser de remuer. Faites cuire 1 minute sur feu doux. Hors du feu, incorporez la crème fraîche et mélangez.

Répartissez la préparation dans les moitiés d'orange évidées. Réservez 1 heure au réfrigérateur avant de servir.

MOUSSE DE QUETSCHES AUX BISCUITS ROSES

Pour 2 portions – Préparation : 15 min – Cuisson : 10 min – Réfrigération : 2 h

250 g de quetsches • le jus d'½ citron • 30 g de sucre roux • 1 gousse de vanille • 1 œuf • 2 biscuits roses à la cuillère

Lavez les quetsches, coupez-les en deux et ôtez les noyaux. Dans une casserole, portez à ébullition le jus de citron, le sucre, la gousse de vanille fendue en deux et 1 verre d'eau. Ajoutez les quetsches et faites cuire 10 minutes. Laissez tiédir. Avec un couteau, grattez les graines de la gousse de vanille, puis ôtez-la. Séparez le blanc du jaune d'œuf. Mixez ensemble le jaune et la compote de quetsches. Montez le blanc en neige très ferme. Incorporez-le à la compote. Répartissez la mousse ainsi obtenue dans 2 coupes. Placez au frais 2 heures. Au moment de servir, répartissez sur les mousses les biscuits écrasés finement.

SEMOULE AU LAIT

Pour 2 portions – Préparation : 10 min – Cuisson : 25 min

6 mesures de lait 2e âge en poudre • 30 g de semoule fine • 2 cuil. à soupe de sucre • ½ sachet de sucre vanillé

Faites bouillir la semoule dans 30 cl d'eau pendant 15 minutes. Ajoutez ensuite 20 cl d'eau, le lait en poudre, le sucre, le sucre vanillé en remuant, et faites cuire 10 minutes. Versez dans 2 coupelles. Servez à la bonne température.

À partir de 10 mois

RECETTES SALÉES

BŒUF FICELLE À LA COURGETTE

Pour 1 portion – Préparation : 15 min – Cuisson : 30 min

20 g de filet de bœuf • 1 courgette (120 g environ) • 1 noisette de beurre • 1 cube de bouillon de légumes • 1 cuil. à café de cerfeuil haché

Diluez le bouillon de légumes dans 500 ml d'eau. Portez à ébullition et mettez le filet de bœuf à pocher pendant 5 minutes. Passez-le à la moulinette. Lavez la courgette, pelez-la puis coupez-la en petits dés. Mettez-les dans une casserole. Couvrez et faites cuire à feu doux pendant 20 minutes. Écrasez les légumes et ajoutez le beurre. Saupoudrez de cerfeuil. Servez le bœuf mixé accompagné de purée.

CRÈME D'AGNEAU ET ASPERGES

Pour 1 portion – Préparation : 10 min – Cuisson : 30 min

20 g d'agneau cuit (gigot ou côte) • 100 g d'asperges (fraîches ou surgelées) • 1 grosse pomme de terre • 50 g de fromage blanc à 40 % de MG • 1 branche de cerfeuil

Faites cuire les asperges et la pomme de terre à la vapeur ou dans de l'eau bouillante non salée pendant 20 à 30 minutes. Lorsqu'elles sont bien cuites, passez-les avec la viande, le cerfeuil et le fromage blanc au mixeur jusqu'à obtenir une crème onctueuse. Servez en vérifiant bien la température.

CRÈME DE CRUDITÉS

Pour 1 portion – Préparation : 10 min

100 g de fromage blanc • 1 petite carotte (environ 80 g) • 4 radis roses doux • 2 feuilles de salade bien vertes • 1 branche de persil plat • quelques gouttes de jus de citron

Lavez bien la carotte, les radis, le persil et la salade. Épluchez la carotte et coupez-la en petits tronçons. Retirez la queue des radis. Passez le tout au mixeur (radis, carottes, salade et persil), puis mélangez avec le fromage blanc. Enfin, ajoutez quelques gouttes de jus de citron avant de servir.

CROQUETTES DE POISSON AU CHOU-FLEUR

Pour 2 portions – Préparation : 15 min – Cuisson : 10 min

2 petits pots de mousseline au chou-fleur • 50 g de cabillaud • 1 tranche de pain de mie • 1 cuil. à café d'huile • 2 feuilles d'estragon • ½ jus de citron • 40 ml de lait 2e âge

Lavez puis mixez le poisson. Mettez le poisson mixé dans un bol et ajoutez le pain de mie préalablement trempé dans du lait et pressé, l'estragon ciselé et le jus de citron. Mélangez l'ensemble de façon à obtenir une préparation homogène. Formez des croquettes. Dans une poêle, faites dorer les croquettes pendant 10 minutes. Servez ensuite avec la mousseline au chou-fleur réchauffée.

FILET DE LIMANDE SUR CRÈME DE CÉLERI

Pour 1 portion – Préparation : 15 min – Cuisson : 25 min

15 g de filet de limande • 20 cl de crème fraîche liquide • 1 pincée de poivre • 80 g de céleri-rave • 500 ml de lait 2e âge • 20 g de riz rond

Roulez le filet de limande, poivrez-le et placez-le dans un petit poêlon. Recouvrez-le de crème fraîche liquide et faites cuire à feu vif pendant 4 minutes à compter de l'ébullition. Lorsqu'il est cuit, réservez le poisson au chaud et gardez la sauce de cuisson. Lavez et épluchez le céleri-rave, puis coupez-le en morceaux. Mettez les morceaux de céleri-rave et le riz rond dans une casserole contenant le lait. Faites cuire 20 minutes à partir de l'ébullition. Mixez le tout et ajoutez 1 cuillerée à soupe de sauce de cuisson du poisson. Ôtez la peau du poisson. Hachez-le et placez-le sur la crème de céleri. Servez chaud.

MINI BOULETTES DE FROMAGE AUX SPAGHETTIS DE LÉGUMES

Pour 1 portion – Préparation : 20 min – Cuisson : 15 min

1 petit navet • 1 carotte • ½ courgette • 2 parts de fromage fondu (type Kiri®, Samos®...) • 2 brins de ciboulette • 2 brins d'aneth

Lavez et épluchez les légumes. Prélevez de fines lanières de carotte, de navet et de courgette à l'aide d'un économe. Placez-les dans le panier de cuisson d'un cuiseur vapeur et faites cuire 15 minutes environ. Déposez les fromages sur une assiette. Écrasez-les à l'aide d'une fourchette. Prélevez-en une petite quantité avec une cuillère. Formez de petites boules. Hachez très finement la ciboulette et l'aneth. Répartissez-les séparément sur une soucoupe. Roulez-y successivement chaque boule. Servez ensemble les spaghettis de légumes et les boulettes de fromage.

Variante : *vous pouvez aussi réaliser des boulettes à base de fromage de chèvre frais et les présenter avec une purée de légumes.*

MOUSSE AUX CHAMPIGNONS

Pour 1 portion – Préparation : 10 min – Cuisson : 20 min

2 pommes de terre (150 g) • 50 g de champignons de Paris • ½ échalote • quelques gouttes de jus de citron • 4 cl de crème fraîche

Pelez et lavez les légumes. Faites cuire à la vapeur les pommes de terre et les champignons de Paris avec la demi-échalote et le jus de citron. Mixez le tout avec la crème fraîche. Servez tiède à Bébé.

NOUILLES CARBONARA

Pour 1 portion – Préparation : 10 min – Cuisson : 20 min

40 g de nouilles • 10 g de parmesan • 25 g de jambon • 50 ml de lait 2e âge • 2 cuil. à café de farine • noix de muscade

Faites cuire les nouilles pendant 8 minutes à l'eau bouillante. Délayez la farine avec le lait et ajoutez une pincée de muscade. Mettez sur le feu et faites cuire sans cesser de remuer avec une spatule en bois. Retirez du feu et ajoutez le jambon coupé en petites lamelles. Dans un plat à four, versez les nouilles et nappez-les de sauce. Saupoudrez de parmesan. Passez quelques instants à four chaud.

POTAGE DE MAÏS AU FROMAGE FONDU

Pour 1 portion – Préparation : 10 min – Cuisson : 10 min

2 cuil. à soupe bombées de semoule de maïs • 1 cuil. à café d'huile d'olive • ½ verre de lait • 1 portion de fromage fondu (type Kiri® ou La Vache qui rit®)

Dans une casserole, faites bouillir l'équivalent d'un grand verre d'eau et l'huile d'olive, puis versez la semoule de maïs sans cesser de remuer. Quand la préparation commence à s'épaissir, versez progressivement le lait en mélangeant et incorporez le fromage fondu. Mélangez jusqu'à ce que le fromage soit dissous dans la semoule. La préparation doit avoir une consistance de crème fraîche épaisse. Versez immédiatement dans le bol de Bébé et laissez tiédir.

Notre conseil : *retirez la pellicule qui se forme sur le bol avant de servir à Bébé.*

POTAGE DE PÂTES AUX LÉGUMES

Pour 1 portion – Préparation : 10 min – Cuisson : 20 à 25 min

1 petite pomme de terre • 1 petite carotte • 1 petite poignée de haricots verts • 300 ml de lait 2e âge • 1 poignée de pâtes à potage (type étoiles ou lettres de l'alphabet) • 1 noisette de beurre

Épluchez les légumes, lavez-les puis coupez-les en morceaux. Faites-les cuire dans un grand volume d'eau pendant 15 à 20 minutes. Passez les légumes au mixeur. Versez la préparation obtenue dans une casserole. Ajoutez le lait, mélangez et laissez cuire à feu doux pendant quelques minutes. Ajoutez ensuite la poignée de pâtes dans le potage, mélangez et laissez cuire en surveillant selon le temps de cuisson des pâtes. Laissez tiédir et ajoutez 1 noisette de beurre avant de servir.

POTAGE PARISIEN

Pour 1 portion – Préparation : 10 min – Cuisson : 50 min

80 g de poireau • 2 pommes de terre (150 g) • 2 cuil. à soupe de lait concentré

Épluchez, lavez et coupez les pommes de terre en dés. Nettoyez le poireau à l'eau courante en éliminant les parties très vertes. Coupez-le en julienne. Mettez les légumes dans 250 ml d'eau froide. Portez à ébullition et couvrez. Faites cuire à feu doux 50 minutes. Mixez et ajoutez le lait concentré au moment de servir.

POULET À LA SÉNÉGALAISE

Pour 1 portion – Préparation : 10 min – Marinade : 20 min – Cuisson : 15 min

20 g de blanc de poulet • ½ oignon • 1 feuille de laurier • 1 petite branche de thym • ½ jus de citron jaune • ½ jus de citron vert • 2 cuil. à café d'huile de tournesol

Mélangez les jus de citron, ajoutez le laurier, le thym et ¼ de l'oignon pelé et haché. Plongez le blanc de poulet coupé en morceaux dans cette marinade pendant environ 20 minutes.

Récupérez les morceaux de poulet et faites-les revenir dans 1 cuillerée à café d'huile de tournesol. Poursuivez la cuisson à feu doux pendant 10 minutes.

Dans une casserole, faites revenir le reste d'oignon finement haché avec 1 cuillerée à café d'huile de tournesol, puis ajoutez la marinade préalablement passée au chinois. Portez à ébullition.

Mixez le poulet avec 1 cuillerée à café de sauce.

Notre conseil : *servez avec une portion de riz bien cuit mixé.*

RÔTI DE PORC À LA PURÉE DE POMME

Pour 1 portion – Préparation : 10 min – Cuisson : 30 min

20 g de rôti de porc bien cuit • 1 pomme golden • 1 pomme de terre (100 g) • 1 noisette de beurre

Lavez, épluchez et épépinez la pomme. Lavez et épluchez la pomme de terre. Coupez-les en morceaux. Faites cuire à la vapeur : mettez en premier les morceaux de pomme de terre et, à mi-cuisson, ajoutez les morceaux de pomme fruit. Lorsque tout est cuit, moulinez-les et incorporez le beurre. Mixez le rôti de porc et mélangez-le à la purée de pomme.

Notre conseil : *pour une consistance plus onctueuse, vous pouvez ajouter un peu de lait infantile dans la purée de pomme.*

SOUPE AU LAIT

Pour 1 portion – Préparation : 10 min – Cuisson : 10 min

1 cuil. à soupe de farine • 200 ml de lait infantile • 1 pincée de muscade en poudre • 10 g de gruyère râpé • 1/8 d'oignon • 1 noisette de beurre

Dans une casserole, faites revenir l'oignon finement haché avec la noisette de beurre. Ajoutez ensuite la farine en remuant régulièrement à l'aide d'une cuillère en bois. Faites cuire quelques instants puis ajoutez le lait infantile et le gruyère.

Mélangez avec un fouet pour que la préparation épaississe. Faites cuire 1 minute après l'ébullition.

Versez la soupe dans un bol et servez tiède à Bébé.

SOUPE DE LÉGUMES AU PISTOU

Pour 1 portion – Préparation : 15 min – Cuisson : 1 h

30 g de haricots verts • 30 g de petits pois frais • 1 courgette (50 g) • 1 pomme de terre (60 g) • 1 tomate • ½ gousse d'ail • 3 feuilles de basilic

Nettoyez les légumes. Effilez les haricots verts et coupez-les en petits morceaux. Coupez la queue et le bout arrondi de la courgette puis émincez-la. Pelez et coupez la pomme de terre en dés. Mettez tous les légumes dans une casserole avec 250 ml d'eau. Faites bouillir et laissez cuire pendant 1 heure. Pendant ce temps, émondez la tomate puis écrasez-la à la fourchette. Mélangez avec l'ail pilé et le basilic haché. Ajoutez-la au potage 15 minutes avant la fin de la cuisson. Mixez rapidement et servez aussitôt.

RECETTES SUCRÉES

CLAFOUTIS AUX FRUITS

Pour 1 portion – Préparation : 10 min

100 ml de lait 2e âge • 1 cuil. à café rase de semoule très fine • 3 cuil. à soupe de macédoine de fruits (en conserve, mais sans fruits exotiques) • 1 cuil. à café de sirop de fruits

Préchauffez le four à 210 °C (th. 7). Dans une casserole, faites chauffer doucement le lait.

Versez la semoule en pluie et mélangez. Laissez gonfler à feu doux 1 minute sans cesser de remuer. Hors du feu, ajoutez le sirop de fruits. Versez la préparation dans un plat individuel. Ajoutez les fruits égouttés. Faites cuire au four 10 minutes environ. Sortez le plat du four. Laissez refroidir le clafoutis avant de le servir.

SOUPE DE PASTÈQUE

Pour 1 portion – Préparation : 10 min – Réfrigération : 30 min

1 sachet de sucre vanillé • 150 g de pastèque

Lavez et tranchez la pastèque, puis retirez l'écorce. Épépinez-la et coupez la chair en petits dés. Mixez en ajoutant le sucre et un peu d'eau. Placez au réfrigérateur pendant 30 minutes. Servez bien frais.

À partir de 12 mois

RECETTES SALÉES

AUBERGINE AU ROQUEFORT

Pour 1 portion – Préparation : 15 min – Cuisson : 20 min

½ aubergine • 1 grosse pomme de terre • 30 g de roquefort

Épluchez et lavez la pomme de terre, puis coupez-la en cubes. Coupez également en cubes l'aubergine et faites-la cuire avec la peau à la vapeur, avec la pomme de terre, pendant 20 minutes. Au moment du mixage, ajoutez le morceau de roquefort. Servez tiède.

BOULETTES DE POISSON

Pour 1 portion – Préparation : 15 min – Cuisson : 12 min

25 g de cabillaud • 1 tranche de pain de mie • 2 cuil. à soupe de lait 2e âge • 250 ml de bouillon de légumes • 4 brins de ciboulette • ½ œuf • 1 cuil. à café de fromage blanc à 40 % de MG • ½ cuil. à café de sauce tomate

Faites tremper le pain de mie dans le lait. Mixez ensemble le poisson, le pain égoutté, la ciboulette et le demi-œuf. Portez à ébullition le bouillon de légumes dans une casserole. Avec une cuillère à café, prélevez un peu de mélange au poisson pour former des boulettes. Plongez-les dans le bouillon. Faites cuire

12 minutes. Égouttez-les. Servez ces boulettes accompagnées de sauce au fromage et à la tomate et d'une purée de légumes.

BOULETTES DE SAUMON ET PURÉE DE CHÂTAIGNES

Pour 1 portion – Préparation : 20 min – Cuisson : 26 min

25 g de saumon frais • 1 brin de cerfeuil • 1 petit oignon blanc • 100 g de châtaignes surgelées • 1 cuil. à soupe de crème fraîche • 3 cuil. à soupe de lait infantile

Plongez les châtaignes dans une casserole d'eau portée à ébullition. Laissez cuire 20 minutes. Égouttez-les puis passez-les au moulin à légumes. Ajoutez la crème fraîche et le lait tiédi. Réservez. Mixez ensemble le saumon, l'oignon épluché coupé en quatre et le brin de cerfeuil. Formez des boulettes. Faites-les cuire 6 minutes à la vapeur. Servez la purée de châtaignes accompagnée des boulettes de saumon.

BOULGOUR SUCRÉ-SALÉ

Pour 1 portion – Préparation : 15 min – Cuisson : 20 min

50 g de boulgour fin (blé dur concassé) • ¼ d'oignon • 1 carotte • 1 petite pincée de curry doux • 15 g de raisins secs • 1 tout petit bouquet garni (thym, laurier) • huile d'olive • sel

Dans une petite casserole, faites dorer à feu doux l'oignon préalablement émincé dans un peu d'huile d'olive. Ajoutez alors la carotte coupée en fines rondelles, le curry doux, les raisins secs et un peu d'eau. Couvrez et laissez cuire pendant 10 à 15 minutes sur feu doux. Placez le boulgour dans une petite poêle, couvrez d'eau, ajoutez une petite pincée de sel et le bouquet garni, portez à ébullition. Baissez le feu, couvrez et laissez cuire 5 minutes environ. Versez le contenu de la casserole sur le boulgour (en ayant pris soin d'ôter auparavant le thym et le laurier) et servez.

BROCHETTES DE POISSONS

Pour 1 portion – Préparation : 15 min – Marinade : 1 h – Cuisson : 15 min

25 g de poissons (cabillaud, saumon et thon) • 4 tomates cerise • 4 petits morceaux de brocoli • 2 cuil. à soupe d'huile d'olive • 2 cuil. à café de jus de citron

Coupez chaque poisson en quatre et faites-les mariner dans le jus de citron et l'huile pendant environ 1 heure et au frais. Faire cuire les brocolis dans 25 cl d'eau bouillante pendant 5 minutes. Composez ensuite les brochettes en intercalant poissons, tomates et brocolis. Faites-les cuire quelques minutes de chaque côté dans une poêle.

BROUILLADE AUX CHAMPIGNONS

Pour 1 portion – Préparation : 15 min – Cuisson : 20 min

100 g de champignons de Paris (ou autres selon la saison) • 1 petite noisette de beurre • 2 cuil. à café de crème fraîche à 30 % de MG • 1 œuf • 1 petite pincée de sel

Lavez bien les champignons, un par un afin d'ôter toute la terre. Égouttez-les. Placez-les dans une petite casserole sur feu doux avec la noisette de beurre et le sel. Laissez les champignons cuire doucement (s'ils rendent beaucoup d'eau, retirez-la au fur et à mesure) pendant 15 minutes. En fin de cuisson, ajoutez la crème fraîche, mélangez, éteignez le feu et réservez. Versez, à froid, un peu d'huile dans une petite poêle. Toujours en dehors du feu, cassez-y l'œuf en crevant le jaune. Placez alors la poêle sur feu minimum et laissez cuire en mélangeant doucement, sans battre. Ajoutez les champignons cuits et servez.

CAVIAR DE TOMATES À L'ANANAS

Pour 1 portion – Préparation : 20 min – Cuisson : 5 min

2 tomates • ½ gousse d'ail • 1 tranche d'ananas • 1 cuil. à café de jus de citron • 1 cuil. à café d'huile d'olive

Plongez les tomates dans l'eau bouillante. Lorsque la peau commence à se décoller, plongez-les dans l'eau froide et pelez-les. Épépinez les tomates et mixez-les grossièrement.

Faites revenir sans coloration l'ail finement haché dans l'huile d'olive puis ajoutez les tomates mixées. Mixez la tranche d'ananas et récupérez le jus. Ajoutez au jus d'ananas le jus de citron.

Dressez dans une assiette le caviar de tomates, faites un puits au centre et versez-y la sauce à l'ananas.

CROQUE THON

Pour 2 portions – Préparation : 20 min – Cuisson : 6 min

1 grosse pomme de terre cuite et écrasée (ou un reste de purée) • 50 g de thon en boîte égoutté • 30 g de maïs en boîte égoutté • 1 cuil. à café de mayonnaise • 1 œuf • chapelure • huile d'olive

Mélangez la purée de pomme de terre avec le thon, le maïs et la mayonnaise pour obtenir une pâte relativement homogène. Plus votre enfant est jeune, plus il vous faudra écraser ce mélange. Avec cette pâte, formez une ou plusieurs boulettes et aplatissez-les de manière à obtenir de petites galettes épaisses auxquelles vous donnerez les formes que vous voudrez (cœur, poisson...). Préparez 2 assiettes creuses : dans l'une, battez légèrement l'œuf cru ; dans l'autre, versez la chapelure. Faites chauffer de l'huile dans une poêle. Trempez les galettes dans l'œuf puis dans la chapelure et faites-les dorer dans la poêle bien chaude, pendant environ 3 minutes de chaque côté. Posez-les dans une assiette sur du papier absorbant et servez accompagné de haricots verts, de petits pois, ou encore de courgettes.

DÉLICE GLACÉ AUX CONCOMBRES

Pour 1 portion – Préparation : 15 min – Réfrigération : 1 h

1 concombre • 300 g de fromage blanc à 40 % de MG • 30 cl de bouillon de volaille • 2 cuil. à soupe de jus de citron • quelques feuilles de menthe

Épluchez le concombre et retirez tous ses pépins. Mettez de côté un petit quart de ce concombre que vous couperez en petits dés ou en rondelles. Mixez le reste avec le jus de citron. Incorporez ensuite le bouillon et le fromage blanc. Vous pouvez ajouter aussi un peu d'aneth si vous le souhaitez. Laissez reposer au réfrigérateur pendant 1 h. Servez en décorant avec les cubes ou les rondelles de concombre et quelques feuilles de menthe.

FILET DE POULET BASQUAISE

Pour 1 portion – Préparation : 15 min – Cuisson : 20 min

30 g de poulet • 1 oignon blanc • 1 tomate • herbes de Provence • 1 cuil. à café d'huile d'olive

Épluchez et hachez menu l'oignon. Pelez une tomate bien mûre. Coupez-la en morceaux et jetez les pépins. Mettez l'ensemble des ingrédients dans une petite casserole, ajoutez 1 pincée d'herbes de Provence, couvrez et laissez cuire à feu très doux une vingtaine de minutes, en remuant pour ne pas laisser accrocher. Au besoin, rajoutez 1 cuillerée d'eau. Au moment de servir, hors du feu, ajoutez l'huile d'olive.

Notre conseil : *accompagnez ce plat d'une purée de pommes de terre.*

FENOUIL ET RIZ AU BLANC DE POULET

Pour 1 portion – Préparation : 15 min – Cuisson : 20 min

1 petit fenouil bien blanc • 1 cuil. à soupe de riz basmati • 30 g de filet de poulet • 1 brin de thym frais • 1 cuil. à café d'huile d'olive

Lavez le cœur du fenouil en le passant sous l'eau, puis coupez-le en deux dans la longueur et émincez-le. Rincez abondamment le riz. Dans une petite casserole, mettez le fenouil émincé, le riz, le poulet et le brin de thym frais. Couvrez d'eau à hauteur et faites cuire à feu moyen pendant une vingtaine de minutes, à couvert. Égouttez, mixez plus ou moins fin le tout et ajoutez l'huile d'olive.

FILET DE MERLAN AUX ÉPINARDS

Pour 1 portion – Préparation : 15 min – Cuisson : 20 min

30 g de filet de merlan • 100 ml de lait infantile • quelques feuilles d'épinards • 1 cuil. à soupe de farine • 1 petite pincée de noix de muscade • 1 noisette de beurre

Lavez les feuilles d'épinards (si vous utilisez des épinards surgelés, 2 galets suffiront). Faites-les cuire pendant 5 minutes environ à feu doux (dans une casserole à couvert, sans eau, ni matière grasse : les feuilles vont rendre de l'eau). Égouttez-les puis passez-les au mixeur.

Faites bouillir le lait, réservez. Dans une autre casserole, faites fondre 1 noisette de beurre et ajoutez la farine pour réaliser une petite béchamel. Versez ensuite le lait chaud sur la préparation, mélangez pour éviter les grumeaux. Ajoutez une petite pincée de muscade pour parfumer. Laissez épaissir à feu doux sans cesser de remuer. Retirez du feu.

Ajoutez les feuilles d'épinards mixées. Mélangez. Faites cuire le filet de merlan à la vapeur pendant 5 minutes environ. Émiettez-le et vérifiez l'absence d'arêtes.

Versez la béchamel aux épinards sur le poisson et servez, c'est prêt !

FLAN DE CAROTTE, SAUCE TOMATE

Pour 2 portions – Préparation : 15 min – Cuisson : 30 min

1 œuf extra-frais • 1 petite carotte • 1 cuil. à café de crème fraîche • 1 tomate • 1 pincée de sucre • 1 pincée d'estragon frais ou séché • 1 noisette de beurre

Épluchez la carotte puis rincez-la. Coupez-la en fines lamelles que vous ferez cuire à la vapeur jusqu'à ce qu'elles soient bien tendres (comptez 5 minutes environ). Préchauffez le four à 200 °C (th. 7). Écrasez la carotte cuite à la fourchette et mélangez-la avec la crème, l'estragon et l'œuf battu en omelette. Beurrez un ramequin et remplissez-le de cette préparation. Faites cuire au four au bain-marie pendant une vingtaine de minutes environ. Le flan doit être pris. Coupez la tomate en dés et faites-la cuire pendant 5 minutes à la vapeur. Mixez la tomate cuite, puis passez-la au tamis et réservez-la. Servez le flan avec sa sauce tomate.

FONDANT DE POIVRON

Pour 2 portions – Préparation : 20 min – Cuisson : 20 min

200 g de poivron rouge ou jaune • 150 g de fromage blanc à 40 % de MG • 1 œuf • 1 pincée de sel

Préchauffez le four à 200 °C (th. 7). Passez le poivron à la poêle afin que la peau se décolle. Ensuite, épépinez-le et pelez-le. Mixez-le finement. Passez cette purée de poivron dans une passoire pour ôter tous les bouts de peau qui auraient pu passer. Ajoutez enfin l'œuf, le fromage et le sel. Placez cette purée dans deux petits ramequins, que vous déposerez dans un bain-marie. Faites cuire 20 minutes dans le four chaud. Laissez un peu refroidir avant de servir tiède.

FONDUE DE POIREAU ET FENOUIL AU POISSON

Pour 1 portion – Préparation : 15 min – Cuisson : 25 min

1 petit poireau • ¼ de bulbe de fenouil • 30 g de filet de poisson blanc (rascasse, sole, lotte, cabillaud, colin) • 1 cuil. à soupe de mie de pain de campagne • 2 gouttes d'huile d'olive • 1 cuil. à soupe de jus de citron • 1 cuil. à café de crème fraîche

Lavez et émincez la moitié du blanc de poireau et le fenouil. Mettez poireau et fenouil dans une casserole, couvrez d'eau à hauteur et ajoutez le jus de citron. Portez à frémissement et laissez cuire 20 minutes, jusqu'à ce que les légumes soient tendres. Dans une poêle antiadhésive, versez l'huile d'olive, faites dorer doucement le filet de poisson blanc, comptez 5 minutes de cuisson maximum pour les 2 faces. Effeuillez le poisson et ôtez les arêtes. Égouttez les légumes, mixez-les avec la mie de pain. Ajoutez la crème, mélangez bien et servez avec le poisson.

GASPACHO DE BETTERAVE ROUGE

Pour 1 portion – Préparation : 10 min

1 betterave cuite • 2 cuil. à soupe de yaourt • 1 cuil. à café d'huile d'olive • ½ cuil. à café de vinaigre balsamique • lait de croissance

Pelez la betterave et coupez-la en morceaux.

Mixez-la avec le yaourt, l'huile d'olive et le vinaigre balsamique.

Si la texture vous semble trop épaisse, ajoutez quelques cuillerées de lait de croissance.

Servez frais.

GIGOT D'AGNEAU ET PURÉE DE POTIRON

Pour 1 portion – Préparation : 15 min – Cuisson : 15 min

30 g de gigot d'agneau • 80 g de potiron • 1 petite pomme de terre • 1 petite gousse d'ail • persil • 1 noisette de beurre • ½ verre de lait • 1 petite pincée de noix de muscade

Épluchez la pomme de terre et le potiron. Lavez-les et coupez-les en petits dés. Hachez finement le persil. Découpez la tranche de gigot en petits dés.

Dans une cocotte, faites fondre le beurre. Déposez la gousse d'ail entière et non pelée (pour que l'arôme soit léger), laissez-la se colorer pour parfumer le beurre puis retirez-la.

Ajoutez alors les légumes (pomme de terre, potiron, persil) dans la cocotte, ainsi que les petits dés de viande. Faites revenir le tout en remuant.

Ajoutez la noix de muscade, puis 1 demi-verre d'eau et 1 demi-verre de lait. Couvrez et laissez cuire à feu doux pendant une dizaine de minutes. Retirez ensuite les petits dés de viande.

Passez les légumes au moulin à légumes avec un peu de jus de cuisson.

Mixez la viande (selon l'âge de l'enfant). Mélangez la viande et la purée.

GNOCCHIS DE SEMOULE AU COULIS DE CAROTTES

Pour 1 portion – Préparation : 20 min – Cuisson : 30 min

15 g de semoule • 2 carottes • 250 ml de lait infantile • 20 g de comté • 1 jaune d'œuf • 1 cuil. à soupe de crème liquide • 1 noisette de beurre

Pelez et détaillez les carottes, faites-les cuire à l'eau bouillante puis mixez-les en purée. Préchauffez le four à 180 °C (th. 6).

Dans une casserole, faites bouillir le lait. Baissez le feu, versez la semoule en pluie. Laissez cuire doucement en remuant, jusqu'à épaississement. Ajoutez la crème fraîche, le fromage râpé et le jaune d'œuf. Versez cette préparation dans un plat à gratin. Faites cuire 20 minutes au bain-marie au four. Laissez tiédir. Formez des gnocchis à l'aide d'une petite cuillère. Faites réchauffer la purée de carottes avec le lait. Versez dans l'assiette et déposez dessus les gnocchis. Servez avec une noisette de beurre.

GRATIN DE FLÉTAN AU RIZ ET À L'ANANAS

Pour 1 portion – Préparation : 10 min – Cuisson : 20 min

20 g de filet de flétan • 30 g de riz • 1 tranche d'ananas • 10 g de chapelure • 1 noisette de beurre

Plongez le riz dans un grand volume d'eau et faites-le cuire le temps indiqué sur le paquet.

Faites cuire le poisson à la vapeur puis hachez-le. Faites revenir la tranche d'ananas dans le beurre et faites-la cuire à feu doux pendant 5 minutes. Lorsqu'elle est fondante, mixez-la avec le riz.

Dans un plat allant au four, étalez une couche de riz à l'ananas, une couche de poisson et terminez par une couche de riz à l'ananas. Saupoudrez de chapelure et enfournez quelques minutes jusqu'à ce que le gratin soit doré. Servez tiède.

GRATIN MIRACLE

Pour 2 portions – Préparation : 15 min – Cuisson : 20 min

60 g de semoule de blé fine • 30 cl de lait demi-écrémé • 40 g de gruyère râpé • 1 œuf • 40 g de miettes de thon • 2 tomates

Préchauffez le four à 220 °C (th. 7-8).

Faites chauffer le lait jusqu'à ébullition. Versez ensuite la semoule, laissez bouillir 1 minute, puis incorporez la moitié du gruyère et l'œuf. Étalez à la spatule dans deux petits plats à gratin beurrés. Disposez dessus le thon égoutté et les tomates coupées en fines rondelles. Saupoudrez avec le gruyère restant et mettez au four 15 à 20 minutes. Servez.

LA FARINETTE

Pour 4 à 6 portions – Préparation : 15 min – Cuisson : 10 min

4 œufs • 1 cuil. à soupe de lait demi-écrémé • 1 cuil. à soupe de farine • 400 g de pommes de terre cuites

Coupez les pommes de terre en petits morceaux. Cassez les œufs entiers dans un grand bol, ajoutez-y le lait et la farine, puis les pommes de terre. Mélangez bien l'ensemble. Faites cuire pendant 10 minutes environ dans une poêle comme une omelette. Laissez tiédir et servez.

LE CHARQUICAN (RAGOÛT CHILIEN)

Pour 1 portion – Préparation : 20 min – Cuisson : 15 min

20 g de viande de bœuf • 2 pommes de terre • 100 g de courgette • 1 carotte • 1 cuil. à café d'huile de tournesol • 1 pincée d'origan • ¼ d'oignon • ¼ de gousse d'ail

Lavez, pelez les pommes de terre et la carotte, coupez-les en dés. Lavez, pelez, épépinez et coupez en dés la courgette. Pelez et hachez l'oignon et l'ail.

Dans une poêle, faites revenir l'oignon et l'ail. Ajoutez ensuite la viande de bœuf coupée en petits morceaux, puis l'origan et faites cuire pendant 4 à 5 minutes.

Ajoutez les pommes de terre et les courgettes et laissez cuire à feu doux pendant 10 minutes. Remuez très régulièrement.

Versez un peu d'eau et laissez mijoter jusqu'à ce que les légumes soient cuits.

À l'aide d'une écumoire, récupérez les légumes et écrasez-les grossièrement à la fourchette. Ajoutez un peu de jus de cuisson si les légumes vous semblent secs.

Récupérez ensuite la viande de bœuf et mixez-la.

Servez tiède à Bébé.

MARÉE AU LAIT DE COCO

Pour 2 portions – Préparation : 15 min – Cuisson : 20 min

20 g de filet de merlan • 30 g crevettes roses cuites • 150 ml de lait de coco • ¼ d'1 petit oignon doux • ½ cuil. à café de fécule de maïs

Préchauffez le four à 180 °C (th. 6).

Hachez finement l'oignon. Décortiquez et hachez les crevettes et le poisson (après en avoir ôté les arêtes). Dans un bol, délayez la fécule de maïs dans le lait de coco, ajoutez-y l'oignon, le poisson et les crevettes et mélangez.

Versez le tout dans un petit récipient creux allant au four. Enfournez pour 15 ou 20 minutes environ. Laissez tiédir avant de servir.

MOUSSE D'AGNEAU AUX PETITS LÉGUMES

Pour 1 portion – Préparation : 15 min – Cuisson : 40 min

30 g d'épaule d'agneau désossée • 1 cuil. à café de farine • 1 carotte • 1 tomate • ½ oignon • 2 champignons de Paris • 2 cuil. à soupe de purée de pomme de terre • 1 brin de persil • sel - poivre

Pelez et émincez le demi-oignon. Pelez la carotte et coupez-la en petits dés. Pelez et épépinez la tomate, puis coupez-la en petits dés. Coupez la viande en petits dés. Dans une cocotte, faites revenir l'oignon émincé et la viande. Saupoudrez de farine et mélangez bien. Laissez cuire pendant 5 minutes. Ajoutez la carotte, la tomate, les champignons parés et émincés, le persil haché. Salez, poivrez. Ajoutez un verre d'eau. Laissez cuire à couvert 20 minutes sur feu doux. Mixez le tout.

Préchauffez le four à 210 °C (th. 7). Tapissez un plat ovale avec une feuille de papier de cuisson. Répartissez sur le fond la purée de pommes de terre. Puis, dessus, une couche de viande mixée aux légumes. Recouvrez avec le reste de purée. Enfournez pour 15 minutes.

ŒUF COCOTTE

Pour 2 portions – Préparation : 5 min – Cuisson : 6 min

1 œuf • ½ tranche de jambon • 4 cuil. à café de crème fraîche • 4 cuil. à soupe de gruyère râpé

Préchauffez le four à 210 °C (th. 7).

Dans un petit plat, déposez successivement : 2 cuillerées de crème fraîche et le jambon découpé en lamelles. Cassez dessus l'œuf entier. Remettez un peu de crème fraîche. Saupoudrez de gruyère râpé, mettez à cuire au bain-marie pendant 6 minutes environ.

PAIN PERDU AUX LÉGUMES

Pour 1 portion – Préparation : 10 min – Cuisson : 15 min

30 g de macédoine de légumes • 2 petites tranches de pain de mie • 1 jaune d'œuf • 200 ml de lait de croissance

Préchauffez le four à 210 °C (th. 7).

Faites griller les tranches de pain de mie. Déposez 1 tranche dans un plat allant au four. Répartissez dessus la macédoine de légumes. Recouvrez avec la tranche du pain de mie restante. Dans un bol, fouettez le jaune d'œuf avec le lait. Versez cette préparation sur le pain. Placez au four. Laissez cuire environ 15 minutes. Servez tiède.

PAINS D'ÉPINARDS À LA CRÈME

Pour 2 portions – Préparation : 15 min – Cuisson : 35 min

250 g d'épinards • 1 œuf • 25 cl de crème fraîche • 25 g de beurre (+ 5 g pour les ramequins) • 20 cl de lait demi-écrémé • 15 g de farine • 1 pincée de noix de muscade (en poudre)

Préchauffez le four à 210 °C (th. 7).

Faites bouillir les épinards environ 5 minutes. Rincez-les ensuite à l'eau froide et égouttez-les bien.

Préparez la béchamel : faites fondre 15 g de beurre dans une casserole, ajoutez la farine et laissez roussir pendant 4 minutes. Versez le lait et ajoutez la noix de muscade râpée. Laissez épaissir à feu très doux sans cesser de remuer.

Hachez, moulinez et jetez les épinards dans une cocotte où vous aurez fait fondre le reste de beurre (10 g). Hors du feu, versez 2 cuillerées à soupe de sauce béchamel et ajoutez les œufs. Mélangez bien.

Remplissez 2 ramequins préalablement beurrés puis placez-les au four, au bain-marie, pendant 25 minutes.

5 minutes avant la fin de la cuisson, ajoutez la crème fraîche au reste de béchamel et refaites bouillir 2 minutes. Passez la sauce au chinois et réservez-la au chaud.

Disposez les pains sur un plat et nappez-les de la sauce.

PAPILLOTE DE CABILLAUD, MOUSSELINE DE FENOUIL À L'HUILE D'OLIVE

Pour 1 portion – Préparation : 15 min – Cuisson : 30 min

20 g de cabillaud • 1 cuil. à café de jus de citron • 1 cuil. à café de crème fraîche • 1 petit fenouil • 50 ml de lait de croissance • 1 cuil. à café d'huile d'olive

Préchauffez le four à 220 °C (th. 7-8).

Placez le cabillaud sur une feuille de papier sulfurisé. Ajoutez la crème fraîche et le jus de citron, puis fermez la papillote. Faites cuire à four chaud 10 minutes. Faites cuire le fenouil à la vapeur pendant 20 minutes. Une fois qu'il est cuit, coupez le fenouil en morceaux et mixez-le avec l'huile d'olive et le lait de croissance.

Servez la mousseline de fenouil accompagnée du cabillaud émietté et arrosé du jus de citron.

PÂTES À LA BOLOGNAISE

Pour 1 portion – Préparation : 15 min – Cuisson : 15 min

20 g de bœuf haché • ½ tomate • 1 petite carotte • 1 cuil. à soupe d'huile d'olive • ¼ d'oignon blanc • 80 g de petites pâtes bien cuites

Lavez, pelez et épépinez soigneusement la tomate, coupez-la en petits morceaux. Épluchez la carotte, râpez-la et hachez l'oignon.

Faites revenir l'oignon dans une poêle avec l'huile d'olive. Ajoutez la carotte râpée et poursuivez la cuisson 2 minutes. Ajoutez le bœuf et faites-le dorer. Mettez ensuite la tomate préalablement coupée en petits dés avec 3 cuillerées à soupe d'eau et portez à ébullition.

Ensuite, baissez le feu. Couvrez et laissez mijoter pendant 10 minutes.

Passez le tout au mixeur. Versez la sauce sur les pâtes.

PETITES BOULETTES DE POISSON, SAUCE TOMATE

Pour 1 portion – Préparation : 15 min – Cuisson : 15 min

30 g de cabillaud (ou colin) • ¼ de cube de bouillon de légumes • 1 tranche de pain rassis • 1 œuf • 1 cuil. à café de sauce tomate • 1 pincée d'herbes de Provence • un peu de lait

Versez un peu de lait dans une assiette creuse pour y faire tremper la tranche de pain. Égouttez-la. Émiettez le poisson.

Mixez le poisson, le pain, l'œuf et les herbes de Provence.

Dans une casserole, faites bouillir 1 verre d'eau avec le bouillon de légumes.

À l'aide d'une cuillère à café, confectionnez des boulettes de poisson et plongez-les dans le bouillon. Laissez-les cuire une dizaine de minutes.

Égouttez les boulettes et laissez-les tiédir avant de les servir accompagnées de sauce tomate.

PETITS FLANS AUX CAROTTES

Pour 2 portions – Préparation : 5 min – Cuisson : 25 min

2 petits pots de purée de carottes • 1 œuf • 4 brins de cerfeuil • 20 g de fromage râpé

Préchauffez le four à 180 °C (th. 6).

Mixez le cerfeuil et mélangez-le avec l'œuf et le pot de carottes. Versez la préparation dans deux ramequins et saupoudrez-la de fromage râpé. Faites cuire environ 25 minutes au four. Laissez tiédir 5 minutes puis servez.

PETITS LÉGUMES DE PRINTEMPS

Pour 1 portion – Préparation : 15 min – Cuisson : 10 min

1 petit navet avec ses fanes • 1 carotte • 10 gousses de petits pois frais • 1 petit oignon blanc avec sa tige • 1 asperge verte • 1 petit cœur de laitue • 1 noisette de beurre • 2 brins de cerfeuil

Écossez les petits pois. Pelez l'asperge de la pointe au bout de la queue et coupez l'extrémité. Lavez et grattez la carotte et le navet, lavez les fanes et le cœur de laitue, l'oignon blanc et sa tige. Détaillez tous les légumes en petits morceaux et faites-les cuire à l'autocuiseur 10 minutes sous pression. Mixez les légumes avec le cerfeuil lavé et équeuté et ajoutez une noisette de beurre.

POÊLÉE DE BETTERAVES ET DE THON

Pour 1 portion – Préparation : 15 min – Cuisson : 20 min

150 g de betteraves cuites • 20 g de filet de thon très frais • ½ échalote • 1 cuil. à café de crème fraîche • 1 noisette de beurre

Pelez les betteraves et coupez-les en petits dés. Épluchez et émincez finement la demi-échalote. Faites-la revenir dans une poêle avec le beurre.

Ajoutez ensuite les dés de betterave. Laissez cuire pendant 8 minutes à feu doux, en remuant régulièrement.

Coupez le thon en petits dés et mettez-le dans la poêle. Poursuivez la cuisson pendant 8 à 10 minutes.

Lorsque les dés de betterave et de thon sont cuits, retirez-les de la poêle. Émiettez le poisson, écrasez grossièrement les dés de betterave et réservez.

Faites chauffer la crème fraîche et 1 cuillerée à soupe d'eau dans la poêle. Versez cette sauce sur le thon émietté. Servez chaud à Bébé.

POTAGE FENOUIL, RIZ ET TRUITE

Pour 1 portion – Préparation : 15 min – Cuisson : 15 min

1 petit fenouil • 1 cuil. à soupe de riz (pas de riz incollable) • 30 g de filet de truite • 1 cuil. à café d'huile d'olive

Lavez le fenouil. Ôtez les feuilles extérieures les plus épaisses. Coupez le cœur tendre en petits morceaux. Lavez le riz et mettez-le à cuire avec le fenouil dans de l'eau bouillante une quinzaine de minutes (il doit être bien cuit). 5 minutes avant la fin de la cuisson, ajoutez le filet de truite après avoir bien vérifié l'absence d'arêtes. Égouttez-le tout en conservant l'eau de cuisson. Mixez les ingrédients, puis ajoutez petit à petit un peu d'eau de cuisson pour allonger le potage jusqu'à obtenir la consistance désirée. Terminez avec l'huile d'olive et mélangez bien.

POTAGE PETITS POIS ET MENTHE

Pour 1 portion – Préparation : 15 min – Cuisson : 30 min

quelques petites feuilles de laitue (le cœur, de préférence) • 100 g de petits pois surgelés • 1 feuille de menthe fraîche • ½ oignon • 20 cl de bouillon de volaille • 10 g de beurre • 10 g de farine • 5 cl de crème fraîche liquide

Pelez et hachez l'oignon. Dans une grande casserole, portez à ébullition le bouillon de volaille contenant les petits pois, l'oignon, la menthe et les feuilles de laitue grossièrement coupées. Réduisez le feu et laissez frémir pendant 25 minutes. Au bout de ce temps, réduisez tous les légumes en purée à l'aide d'un mixeur (en y ajoutant un peu de bouillon).

Dans une seconde casserole, faites fondre à feu doux le beurre puis incorporez-y la farine. Remuez bien (cela ne doit pas brunir !). Hors du feu, versez la purée semi-liquide et mélangez à nouveau. Replacez ensuite le tout sur feu moyen sans cesser de remuer, et portez à ébullition. Hors du feu, ajoutez alors la crème fraîche et servez.

POTIRON ET SAUMON EN PAPILLOTE

Pour 1 portion – Préparation : 15 min – Cuisson : 15 à 20 min

200 g de potiron • 30 g de saumon dans le filet • 1 cuil. à café d'huile de colza • quelques gouttes de jus de citron • 1 brin de cerfeuil

Épluchez la tranche de potiron en enlevant l'écorce dure, les pépins et les filaments. Râpez grossièrement la chair avant de la presser sur un torchon propre pour qu'elle soit bien sèche.

Vérifiez que le morceau de filet de saumon n'a pas d'arêtes, puis émincez-le finement.

Dans un large carré de papier sulfurisé, posez un lit de potiron râpé, citronnez de quelques gouttes, ajoutez le saumon et fermez la papillote soigneusement en roulottant chaque bord.

Posez la papillote dans le panier du cuiseur vapeur, et mettez à cuire à la vapeur sans pression pendant 15 à 20 minutes.

Écrasez potiron et saumon à la fourchette, ajoutez l'huile de colza et le brin de cerfeuil lavé et finement ciselé.

PURÉE D'AUBERGINE À L'AGNEAU

Pour 1 portion – Préparation : 15 min – Cuisson : 20 min

30 g de côte d'agneau • 1 petite aubergine • 3 gouttes d'huile d'olive

Hachez menu au couteau l'agneau entièrement dégraissé. Faites cuire la viande à feu doux dans une poêle antiadhésive. Une fois qu'elle est cuite à point, réservez-la.

Pelez l'aubergine et coupez la pulpe en petits dés. Faites-les cuire à la vapeur pendant une quinzaine de minutes pour qu'ils soient bien tendres. Passez au moulin à légumes. Ajoutez la viande à cette purée ainsi que quelques gouttes d'huile d'olive.

PURÉE D'AVOCAT AUX CREVETTES

Pour 1 portion – Préparation : 15 min – Cuisson : 15 min

1 petite pomme de terre • 60 ml de lait 2e âge • 30 g de chair d'avocat bien mûr • 3 ou 4 crevettes roses (selon leur taille) • 1 cuil. à café de parmesan

Lavez puis épluchez la pomme de terre et coupez-la en petits morceaux. Versez ces derniers dans une petite casserole et recouvrez-les d'eau. Laissez cuire environ 15 minutes à feu moyen. Pendant ce temps, décortiquez les crevettes.

Lorsque la pomme de terre est cuite, faites chauffer le lait puis versez-le dans le bol de votre mixeur. Ajoutez l'avocat et les crevettes et mixez le tout afin d'obtenir une petite purée légère. Ajoutez alors la pomme de terre (réduite en purée elle aussi). Mélangez bien, saupoudrez de parmesan avant de servir.

PURÉE DE COURGETTE À LA MENTHE

Pour 1 portion – Préparation : 15 min – Cuisson : 15 min

1 courgette • 1 cuil. à soupe de fromage blanc à 0 % de MG • 1 feuille de menthe • 4 gouttes d'huile d'olive

Pelez la courgette et mettez-la à cuire à la vapeur une quinzaine de minutes, jusqu'à ce qu'elle soit tendre. Mixez-la avec quelques gouttes d'huile d'olive et le fromage blanc. Hachez menu au couteau la feuille de menthe et mélangez-la à la purée. Mettez au frais en attendant de servir. Servez avec un peu de jambon ou des mouillettes de pain de campagne légèrement frottées d'ail.

PURÉE DE POIS FRAIS, DÉS DE DINDE

Pour 1 portion – Préparation : 20 min – Cuisson : 30 min

300 g de petits pois frais • 1 petit oignon blanc frais • 30 g de filet de dinde • 1 brin de thym • 2 feuilles de laitue • 1 cuil. à café d'huile d'olive

Écossez les petits pois. Rincez-les sous l'eau avec les feuilles de laitue avant d'émincer finement celles-ci. Mettez le tout dans une petite casserole avec le filet de dinde coupé en tout petits dés et le brin de thym lavé. Couvrez et mettez à cuire à feu doux pendant une trentaine de minutes, jusqu'à ce que les pois soient bien tendres. Retirez les dés de dinde, le brin de thym et passez les légumes au moulin à légumes muni d'une grille fine. Ajoutez à la purée obtenue l'huile d'olive, et servez avec les dés de dinde entiers ou mixés.

SALADE D'AVOCAT

Pour 1 portion – Préparation : 10 min

½ avocat • 1 cuil. à soupe d'huile d'olive • 1 cuil. à café de jus de citron

Récupérez la chair du demi-avocat et coupez-la en petits morceaux. Écrasez-les grossièrement à l'aide d'une fourchette.

Dans un bol, mélangez l'huile d'olive et le jus de citron. Versez cet assaisonnement sur les morceaux d'avocats écrasés. Servez frais à Bébé.

SALADE DE COURGETTES AUX FINES HERBES

Pour 1 portion – Préparation : 10 min – Cuisson : 20 min

80 g de courgette • 1 cuil. à café de persil, de cerfeuil et de ciboulette hachés • 1 cuil. à café d'huile de tournesol • quelques gouttes de jus de citron • 1 petite pincée de sel

Lavez la courgette en éliminant la queue et les bouts ronds. Râpez-la finement. Préparez la vinaigrette avec les ingrédients et les herbes.

Dans une petite coupelle, mélangez la courgette avec la vinaigrette et servez aussitôt.

SALADE DE MELON AU JAMBON DE PARME

Pour 1 portion – Préparation : 10 min

1/8 de melon • 1 cuil. à soupe de fromage blanc • ¼ de tranche de jambon de Parme • 1 cuil. à soupe de jus de citron

Découpez la chair du melon en petits morceaux. Mixez le jambon de Parme et mélangez-le au fromage blanc. Ajoutez le jus de citron. Versez sur les morceaux de melon et mélangez.

SAUMON À LA CANADIENNE

Pour 1 portion – Préparation : 20 min – Cuisson : 30 min

20 g de filet de saumon sans peau • 1 tomate • 50 g de champignon frais • ½ gousse d'ail • le jus d'½ citron non traité • 1 branche de persil plat • 25 g de chapelure • 1 noisette de beurre • 20 g de riz

Préchauffez le four à 175 °C (th. 6).

Plongez la tomate dans de l'eau bouillante, puis dans de l'eau froide, pelez-la et coupez-la en rondelles. Essuyez, pelez et coupez les champignons frais en morceaux.

Beurrez le fond d'un plat allant au four. Placez-y le saumon, la tomate, le jus de citron, les champignons, la demi-gousse d'ail finement émincée et le persil.

Ajoutez 1 verre d'eau et saupoudrez le poisson de chapelure. Faites cuire 15 à 20 minutes au four.

Lorsque le poisson est cuit, émiettez-le et réservez-le au chaud.

Plongez le riz dans une casserole d'eau bouillante. Faites cuire comme indiqué sur le paquet (le riz doit être bien cuit).

Récupérez la tomate, les champignons et le jus de cuisson et mixez le tout.

Servez le riz accompagné de la sauce et du poisson émietté.

SEMOULE À LA RATATOUILLE

Pour 1 portion – Préparation : 10 min – Cuisson : 5 min

130 g de ratatouille en petit pot • 40 g de semoule fine de couscous • 1 cuil. à café de pois chiches cuits en conserve • 1 pincée de paprika doux

Rincez les pois chiches sous l'eau froide. Écrasez-les en purée à l'aide d'une fourchette. Mettez la semoule dans une passoire à tamis fin. Passez-la sous l'eau froide. Versez la ratatouille dans une casserole. Ajoutez 5 cl d'eau, le paprika et la purée de pois chiches. Placez la passoire de semoule au-dessus de la ratatouille. Couvrez. Laissez cuire à la vapeur 5 minutes. Égrainez la semoule avec une fourchette. Incorporez la ratatouille. Servez aussitôt.

SOLE À L'AVOCAT

Pour 1 portion – Préparation : 15 min – Cuisson : 5 min

30 g de filet de sole • ½ avocat bien mûr • 100 g de fromage blanc lisse à 20 % de MG • 1 cuil. à café d'aneth haché • 1 cuil. à soupe d'huile d'olive • le jus d'1 citron • 1 petite branche de thym • sel

Faites cuire le filet de sole avec le thym à la vapeur en autocuiseur pendant 5 minutes. Prélevez la chair de l'avocat et mixez-la avec le fromage blanc, le jus de citron, l'aneth, l'huile et un peu de sel. Mixez ensuite la sole et servez-la avec la mousse d'avocat, dans la même assiette.

SOUPE DE TOMATE AU PAIN

Pour 1 portion – Préparation : 15 min – Cuisson : 25 min

1 tomate bien mûre (100 g) • 80 g de pain rassis • ¼ de cube de bouillon de légumes • 2 feuilles de basilic • 1 cuil. à café d'huile d'olive

Lavez et plongez la tomate quelques minutes dans de l'eau bouillante, puis passez-la sous l'eau froide ; la peau s'enlèvera alors facilement.

Versez 1 verre d'eau dans une casserole. Ajoutez le quart de cube de bouillon de légumes. Faites cuire la chair de la tomate dans ce bouillon pendant environ 15 minutes à feu doux.

Coupez des morceaux de pain dans la préparation ainsi obtenue. Passez le tout au moulin à légumes (ou au mixeur selon la consistance désirée).

Coupez finement les feuilles de basilic et remettez à cuire pendant 10 minutes tout en remuant de temps en temps.

Retirez du feu et laissez tiédir. Ajoutez l'huile d'olive. Mélangez, c'est prêt !

SOUPE FROIDE CONCOMBRE-TOMATE

Pour 1 portion – Préparation : 10 min – Réfrigération : 30 min

1 tomate pelée • 2 verres de lait 2e âge • 1 concombre • 1 bouquet de coriandre fraîche • 1 filet de jus de citron • sel - poivre

Pelez et épépinez le concombre, mixez-le avec la tomate et la coriandre. Ajoutez le jus de citron et le lait pour obtenir la consistance que vous souhaitez. Salez et poivrez. Mettez au frais 30 min avant de déguster.

TARTELETTE FENOUIL ET POMME

Pour 2 portions – Préparation : 15 min – Cuisson : 45 min

⅓ de bulbe de fenouil • 1 pomme • 30 g de compote de pomme • ⅓ de pâte brisée • 2 pincées de sucre vanillé

Préchauffez le four à 180 °C (th. 6).

Beurrez 2 moules à tarte individuels ou mettez du papier sulfurisé au fond. Étalez-y la pâte brisée et piquez-la à l'aide d'une fourchette ou de la pointe d'un couteau. Faites cuire la pâte à blanc 15 minutes au four.

Pelez la pomme, lavez le fenouil et coupez-les en fines lamelles.

Étalez sur la pâte la compote de pomme, placez ensuite les lamelles de pomme et de fenouil en les intercalant. Saupoudrez de sucre vanillé et faites cuire 25 à 30 minutes au four à la même température.

TERRINE VERTE

Pour 4 portions – Préparation : 20 min – Cuisson : 1 h 10 – Réfrigération : 30 min

200 g de brocolis • 200 g de courgettes • 3 petits œufs • 3 cuil. à soupe de chapelure • 1 gousse d'ail • 1 cuil. à café de persil finement ciselé • 1 cuil. à café de ciboulette finement ciselée • 1 cuil. à soupe d'huile de tournesol

Lavez les brocolis et coupez-les en morceaux. Lavez, pelez et épépinez les courgettes puis coupez-les en morceaux. Faites cuire les légumes à la vapeur pendant 20 minutes. Lorsqu'ils sont cuits, écrasez-les à l'aide d'une fourchette. Préchauffez le four à 175 °C (th. 6).

Dans un plat, battez les œufs puis ajoutez la chapelure, l'ail haché, le persil et la ciboulette. Incorporez cette préparation à la purée de légumes, puis versez le tout dans un moule à cake préalablement huilé.

Faites cuire 50 minutes au four. Démoulez, laissez refroidir. Mettez au réfrigérateur pendant 30 minutes. Servez frais.

TOMATE FARCIE

Pour 2 portions – Préparation : 15 min – Cuisson : 30 min

2 belles tomates • 1 jaune d'œuf • 1 échalote • 2 cuil. à café d'huile d'olive • 50 g de mie de pain • un peu de lait • 3 ou 4 olives noires dénoyautées

Mettez à tremper la mie de pain dans un peu de lait. Préparez le hachis en mélangeant le jaune d'œuf, la mie de pain essorée, l'échalote hachée et les olives. Évidez les tomates et farcissez-les. Disposez les tomates dans un petit plat sur un fond d'huile d'olive et faites cuire à four doux (th.5, 150 °) pendant 30 minutes.

Notre conseil : *vous pouvez accompagner ces tomates farcies d'un peu de riz blanc ou de nouilles lorsque l'enfant aura grandi.*

TZATZIKI

Pour 1 portion – Préparation : 10 min

¼ de concombre • 12,5 cl de yaourt • 1 cuil. à café d'huile d'olive • aneth ou ciboulette

Lavez et épluchez le concombre puis coupez-le en tout petits dés.

Ajoutez l'aneth ou la ciboulette, le yaourt, l'huile, et mélangez avant de mettre au réfrigérateur jusqu'au moment de servir.

UNE SOUPE SI… CHOU !

Pour 1 portion – Préparation : 15 min – Cuisson : 20 min

200 g chou-fleur frais • 2 cuil. à soupe de fromage blanc à 40 % de MG • 25 cl de bouillon de volaille • 1 petite pincée de noix de muscade en poudre • huile d'olive

Coupez le chou-fleur en morceaux et nettoyez-le bien sous un filet d'eau continu. Dans une casserole, faites chauffer un peu d'huile et faites-y revenir le chou-fleur jusqu'à ce qu'il soit un peu plus tendre (environ 5 minutes). Ajoutez alors le bouillon de volaille, couvrez et laissez mijoter à feu doux pendant un quart d'heure environ. Passé ce temps, et si le chou est bien tendre, éteignez le feu, versez le fromage blanc battu et la pincée de muscade. Mixez le tout jusqu'à obtenir une soupe bien onctueuse. Servez.

VELOURS D'ASPERGES

Pour 1 portion – Préparation : 15 min – Cuisson : 30 min

150 g d'asperges (fines, de préférence) • 15 g de beurre • ¼ de petit oignon • 1 cuil. à café de farine • 1 cuil. à soupe de crème fraîche • sel

Lavez soigneusement les asperges. Coupez-en les pointes et taillez les tiges en petites rondelles fines. Plongez-les dans une casserole d'eau bouillante salée pendant environ 1 minute, puis égouttez-les. Faites fondre le beurre dans une autre casserole, versez-y l'oignon haché, les rondelles d'asperges et laissez cuire pendant 5 minutes à feu doux. Ajoutez alors la farine et remuez bien. Reportez sur le feu et laissez mijoter toujours à feu doux pendant 20 minutes environ, jusqu'à ce que les asperges soient bien tendres. Ajoutez alors les pointes d'asperges et laissez encore cuire 5 minutes. Mixez jusqu'à obtenir une crème onctueuse. Ajoutez la crème fraîche, puis mélangez bien.

Notre conseil : *servez ce velours chaud ou glacé, il est tout aussi délicieux.*

VELOUTÉ DE POTIRON ET POMME, MOUILLETTES DE CHÈVRE

Pour 1 portion – Préparation : 15 min – Cuisson : 20 min

1 petite tranche de potiron • 1 pomme sucrée • 1 tranche de pain de campagne • 1 cuil. à café de chèvre frais • un peu de lait

À l'aide d'un couteau bien tranchant, ôtez la peau très dure qui borde la pulpe ainsi que toutes les graines et filaments du potiron. Coupez la pulpe en dés. Pelez et épépinez la pomme, coupez-la également en dés. Mettez potiron et pomme dans une petite casserole avec un petit verre d'eau. Couvrez et faites cuire à feu très doux jusqu'à ce que le potiron soit tendre (comptez environ 15 minutes).

Mixez le contenu de la casserole jusqu'à obtenir une purée bien lisse. Ajoutez un peu de lait pour avoir une consistance un peu plus liquide, mais conservez tout de même une soupe assez épaisse. Réchauffez légèrement la soupe. Faites chauffer le gril du four au maximum. Ôtez la croûte du pain de campagne, coupez la tranche en mouillettes et tartinez chaque mouillette d'un peu de fromage de chèvre frais. Passez les mouillettes sous le gril, le temps de les dorer légèrement. Servez la soupe avec ses mouillettes.

VELOUTÉ DE POULET

Pour 1 portion – Préparation : 15 min – Cuisson : 15 min

1 petite courgette • 1 petite pomme de terre • 20 à 30 g de blanc de poulet • 1 cuil. à café de crème fraîche

Épluchez la courgette et la pomme de terre. Coupez courgette, pomme de terre et blanc de poulet en petits morceaux. Mettez légumes et viande dans une petite casserole, couvrez tout juste d'eau et faites cuire jusqu'à ce que la pomme de terre soit tendre (environ 15 minutes). Mixez le tout avec la crème fraîche et rallongez d'eau si nécessaire, de façon à obtenir un velouté bien onctueux.

VERMICELLES AUX ŒUFS

Pour 2 portions – Préparation : 15 min – Cuisson : 20 min

2 tomates fraîches • ¼ d'oignon • ½ de poivron • 1 œuf • quelques vermicelles • 1 cube de bouillon de volaille • 1 cuil. à café de concentré de tomate • 4 gouttes d'huile d'olive • sel

Coupez les tomates, l'oignon et le poivron en petits dés et faites-les revenir dans un peu d'huile. Ajoutez un peu de concentré de tomate dilué dans un peu d'eau et laissez mijoter pendant 15 minutes. Cassez l'œuf dans la sauce en mélangeant et, quand il commence à cuire, ajoutez les vermicelles. Mélangez et arrêtez la cuisson quand les pâtes ont absorbé tout le liquide.

RECETTES SUCRÉES

BABKA (GÂTEAU POLONAIS)

Pour 4 portions – Préparation : 15 min – Cuisson : 50 min

300 g de farine • 100 g de fécule de pomme de terre • 200 g de sucre • 1 sachet de levure chimique • 5 œufs • 1 sachet de sucre vanillé • 200 g de beurre en pommade • sel

Préchauffez le four à 180 °C (th. 6).

Travaillez le beurre avec le sucre, le sucre vanillé et 1 pincée de sel. Ajoutez ensuite les œufs un à un en continuant de travailler la pâte, puis ajoutez la farine tamisée, la fécule et la levure pour obtenir une pâte bien homogène.

Beurrez un moule en couronne ou à kougelhof et versez la préparation.

Faites cuire environ 50 minutes au four. N'ouvrez pas la porte pendant le début de cuisson !

Démoulez le gâteau encore tiède.

Notre conseil : *pour une jolie présentation, saupoudrez de sucre glace.*

BANANE AU CHOCOLAT

Pour 1 portion – Préparation : 5 min – Cuisson : 15 min

1 banane • 5 carrés de chocolat noir ou au lait

Préchauffez le four à 180 °C (th. 6).

Fendez la banane dans toute sa longueur après l'avoir épluchée, mettez les carrés de chocolat dedans et enfournez pendant 15 minutes à température moyenne. Attendez un petit peu que ce dessert refroidisse avant de donner à Bébé.

BISCUIT DE SAVOIE

Pour 1 portion – Préparation : 15 min – Cuisson : 20 min

1 œuf • 35 g de farine • 20 g de sucre • 10 g de beurre

Préchauffez le four à 210 °C (th. 7).

Séparez le jaune et le blanc de l'œuf. Mélangez le sucre et le jaune jusqu'à ce que le mélange blanchisse. Ajoutez la farine et 1 cuillerée à café d'eau.

Montez le blanc d'œuf en neige et incorporez-le au mélange œuf-sucre. Versez la pâte dans un petit moule beurré et enfournez. Laissez cuire environ 20 minutes. Laissez refroidir avant de démouler.

Notre conseil : *n'ouvrez pas la porte du four pendant la cuisson.*

BOISSON MEXICAINE À LA BANANE

Pour 1 portion – Préparation : 5 min

1 tasse de lait de croissance • ½ banane • ¼ de cuil. à café de cannelle en poudre • ½ cuil. à café d'extrait de vanille liquide

Mixez tous les ingrédients. Servez frais.

COMPOTÉE DE CERISES AU PAIN BRIOCHÉ

Pour 1 portion – Préparation : 15 min – Cuisson : 30 min – Réfrigération : 30 min

20 grosses cerises bien sucrées • 1 tranche de pain brioché • 1 cuil. à soupe de fromage blanc à 20 % de MG • 1 cuil. à café de sucre vanillé

Équeutez et lavez les cerises, puis coupez-les en deux. Dans une petite casserole, mettez les cerises à cuire à feu moyen avec leurs noyaux, jusqu'à ce qu'elles soient en compote, pendant 30 minutes environ. Découvrez en fin de cuisson pour que la compote ne soit pas trop liquide. Laissez refroidir, retirez les noyaux (comptez-les pour ne pas en oublier un !) et mixez soigneusement. Tapissez le fond d'un ramequin d'un morceau de pain brioché, puis recouvrez d'une couche de compote. Ajoutez de nouveau un morceau de pain brioché et de la compote. Couvrez et laissez au frais 30 minutes. Mélangez le fromage blanc et le sucre vanillé. Ajoutez ce mélange sur la compotée au moment de servir.

CRÈME AU CHOCOLAT

Pour 2 portions – Préparation : 15 min – Cuisson : 10 min

1 jaune d'œuf • 300 ml de lait 2e âge • 40 g de chocolat noir

Cassez le chocolat en morceaux et faites-le fondre au bain-marie. Ajoutez le lait tiède et le jaune d'œuf préalablement battu, mélangez bien. Faites cuire cette crème sans cesser de remuer jusqu'à ce qu'elle épaississe. Ne laissez pas bouillir afin que la crème ne tourne pas. Laissez refroidir et servez frais.

CRÈME AU FOUR À LA VANILLE

Pour 2 portions – Préparation : 15 min – Cuisson : 35 min

500 ml de lait de croissance • 2 cuil. à café de sucre • ½ de gousse de vanille (ou sucre vanillé) • 1 œuf

Préchauffez le four à 180 °C (th. 6).

Faites bouillir le lait avec la gousse de vanille et le sucre. Lorsque la préparation commence à bouillir, retirez la casserole du feu. Enlevez la gousse de vanille. Dans un bol, fouettez l'œuf. Versez-le dans le lait tout en fouettant énergiquement.

Versez ensuite la préparation dans deux petits plats allant au four et faites cuire la crème au bain-marie pendant 30 minutes. Servez froid.

Notre conseil : *si vous n'avez pas de gousse de vanille, remplacez le sucre par ½ sachet de sucre vanillé.*

CRÊPES

Pour 15 à 20 crêpes – Préparation : 5 min – Repos : 1 h – Cuisson : 15 min

125 g de farine • 3 œufs • 50 cl de lait entier • 1 filet d'huile

Mélangez la farine et les œufs puis versez doucement le lait en tournant sans cesse pour éviter la formation de grumeaux. Ajoutez le filet d'huile. Laissez reposer au moins 1 heure.

Graissez une poêle antiadhésive, versez une petite louche de pâte et faites cuire à feu moyen pendant 2 minutes. Retournez la crêpe, laissez-la cuire de l'autre côté pendant 1 minute. Faites cuire les autres crêpes, gardez-les au chaud sur une casserole d'eau chaude.

Notre conseil : *pour la garniture, faites confiance à votre fantaisie et à celle de Bébé. Vous pouvez servir ces crêpes avec un peu de sucre ou de confiture.*

CRÊPES MAROCAINES

Pour 4 pers. – Préparation : 15 min – Repos : 30 min – Cuisson : 15 min

500 g de fine semoule • 50 cl de lait tiède • 15 cl d'eau • 3 jaunes d'œufs • 40 g de levure boulangère

Préparez la pâte : mélangez tous les ingrédients dans un récipient creux jusqu'à obtenir une pâte onctueuse et un peu liquide. Laissez la pâte reposer pendant 30 minutes.

À l'aide d'une petite louche, versez un peu de pâte dans une poêle non adhésive et non beurrée préalablement chauffée. Sur feu moyen, laissez cuire la crêpe (qui doit être assez épaisse) d'un seul côté jusqu'à ce que la pâte forme des dizaines de trous. Retirez-la alors du feu, placez-la dans une assiette.

Notre conseil : *vous pouvez servir ces crêpes avec du sucre ou de la confiture, c'est un régal !*

DESSERT CATALAN

Pour 4 portions – Préparation : 15 min – Cuisson : 20 min

2 jaunes d'œufs • 50 cl de lait • 50 g de sucre en poudre • ½ citron non traité • ½ orange non traitée • 20 g de cassonade • 30 g de fécule de maïs • ½ bâton de cannelle • ½ gousse de vanille

Mélangez le lait, les zestes de citron et d'orange, la fécule de maïs, la cannelle et la demi-gousse de vanille fendue. Chauffez très légèrement et laissez infuser.

Battez les jaunes d'œufs avec le sucre en poudre jusqu'à ce que le mélange blanchisse. Incorporez petit à petit le lait à la préparation œufs-sucre.

Transvasez la préparation obtenue dans une casserole et faites cuire à feu doux jusqu'à ce qu'elle épaississe.

Versez dans quatre petits ramequins. Lorsque la préparation est froide, saupoudrez de cassonade et passez sous le gril du four pour la caraméliser.

FROMAGE BLANC AUX BISCUITS, COULIS DE MÛRES

Pour 1 portion – Préparation : 15 min – Cuisson : 5 min

3 cuil. à soupe de mûres surgelées • 1 cuil. à café de sucre de canne • 1 pointe de cannelle en poudre • 2 boudoirs • 2 cuil. à soupe de fromage blanc battu à 20 % de MG

Dans une petite casserole, mettez les mûres, le sucre et la pointe de cannelle. Couvrez, portez à feu moyen et laissez cuire 5 minutes. Laissez ensuite refroidir avant de mixer et de passer la purée obtenue au chinois ou à la passoire tamis. Pressez bien la pulpe pour en extraire le maximum. Réduisez les biscuits en chapelure et mélangez-les avec le fromage blanc. Laissez reposer 10 minutes, puis servez le fromage blanc aux biscuits nappé de son coulis de mûres.

GÂTEAU À LA CAROTTE

Pour 4 pers. – Préparation : 15 min – Cuisson : 1 h

250 g de carottes râpées • 125 g de beurre • 2 œufs • 200 g de farine • 125 g de sucre • 1 sachet de levure chimique • ½ cuil. à café de cannelle en poudre

Préchauffez le four à 150 °C (th. 5).

Mélangez les œufs avec le sucre. Ajoutez peu à peu la farine et le beurre fondu tout en continuant de fouetter, puis la cannelle, la levure et enfin les carottes râpées.

Mélangez bien, versez dans un moule à cake et faites cuire 1 heure au four.

Laissez tiédir avant de démouler.

GÂTEAU AU YAOURT

Pour 4 pers. – Préparation : 15 min – Cuisson : 30 min

1 pot de yaourt • 3 pots de farine • 2 pots de sucre • 1 pot d'huile • 3 œufs • 1 sachet de sucre vanillé • 1 sachet de levure • 1 pincée de sel

Préchauffez le four à 200 °C (th. 7).

Mélangez tous les ingrédients dans un saladier pour obtenir une pâte homogène. Versez dans un moule légèrement huilé et faites cuire 30 minutes au four. Démoulez et laissez refroidir.

Variante *: vous pouvez décliner cette recette à votre guise, en ajoutant des fruits ou du chocolat dans la pâte.*

GÂTEAU AU YAOURT À LA POMME

Pour 4 pers. – Préparation : 15 min – Cuisson : 30 min

1 yaourt nature • 1 pot d'huile • 2 pots de sucre • 3 pots de farine • 3 œufs • ½ sachet de levure chimique • 1 sachet de sucre vanillé • 1 pincée de sel • 1 pomme golden

Préchauffez le four à 200 °C (th. 7).

Dans un saladier, versez le yaourt. Servez-vous du pot comme mesure et ajoutez le sucre et la farine, puis l'huile, les œufs, la levure et le sucre vanillé. Mélangez le tout avec un fouet jusqu'à obtenir une pâte lisse et homogène. Épluchez la pomme et coupez-la en petits cubes. Incorporez les morceaux de pomme dans la pâte. Beurrez le moule (à cake ou à tarte), versez la pâte dans le moule et enfournez pour 30 minutes. Laissez refroidir avant de servir à Bébé et sa famille.

Notre conseil : *pour que les morceaux tombent tous au fond lors de la cuisson, passez-les dans la farine avant de les incorporer à votre pâte.*

GÂTEAU AU YAOURT MARBRÉ

Pour 4 pers. – Préparation : 15 min – Cuisson : 30 min

1 yaourt nature • 1 pot d'huile • 2 pots de sucre • 3 pots de farine • 3 œufs • 100 g de chocolat noir de pâtisserie • ½ sachet de levure chimique • 1 sachet de sucre vanillé

Préchauffez le four à 200 °C (th. 7).

Dans un saladier, versez le yaourt. Servez-vous du pot comme mesure et ajoutez le sucre et la farine, puis l'huile, les œufs, la levure et le sucre vanillé. Mélangez le tout avec un fouet jusqu'à obtenir une pâte lisse et homogène.

Séparez votre pâte, mettez-en un tiers dans un autre saladier. Faites fondre le chocolat au bain-marie, ou dans un bol au micro-ondes avec un fond d'eau. Une fois qu'il est fondu, incorporez-le au tiers de pâte réservé. Beurrez un moule (à cake ou à tarte). Étalez la moitié de la pâte blanche du premier saladier dans le moule. Recouvrez avec la totalité de la pâte chocolatée. Terminez avec la pâte blanche. Enfournez pour 30 minutes. Démoulez et laissez refroidir avant de déguster avec Bébé.

GÂTEAU DE SAVOIE À LA NOIX DE COCO

Pour 4 pers. – Préparation : 15 min – Cuisson : 45 min

170 g de sucre • 4 œufs • 30 g de noix de coco râpée • 40 g de farine • 40 g de fécule de pomme de terre • 1 noisette de beurre

Préchauffez le four à 180 °C (th. 6).

Séparez les blancs des jaunes d'œufs et mélangez les jaunes avec le sucre. Ajoutez la noix de coco, la farine et la fécule. Mélangez bien le tout. Battez les blancs en neige très ferme, puis incorporez-les au mélange précédent. Remuez ensuite jusqu'à obtention d'une pâte homogène. Versez la préparation dans un moule beurré et placez-le au four. Laissez cuire 45 minutes. Démoulez et laissez refroidir.

LA FARINETTE AUX FRUITS

Pour 2 portions – Préparation : 5 min – Cuisson : 5 min

1 œuf • 2 cuil. à café de lait demi-écrémé • 2 cuil. à café de farine • 60 g de fruits au choix (cerises, poires, framboises...)

Épluchez les fruits, puis coupez-les en petits morceaux. Cassez l'œuf entier dans un grand bol, ajoutez le lait et la farine, puis les morceaux de fruits. Mélangez bien l'ensemble. Faites cuire ensuite à la poêle comme une omelette pendant 5 minutes, laissez un peu refroidir et servez.

MOUSSELINE DE FROMAGE BLANC AUX POIRES

Pour 1 portion – Préparation : 15 min

1 poire bien mûre • 40 g de fromage blanc à 40 % de MG • 1 cuil. à soupe de crème fleurette • 1 cuil. à café de sucre en poudre

Fouettez le fromage blanc avec la crème fleurette et le sucre. Lorsque le mélange est mousseux, réservez-le au frais.

Coupez la poire en tout petits morceaux et récupérez le jus.

Incorporez les morceaux de poire et le jus à la mousseline de fromage blanc.

MOUSSE DE POIRE ET ANANAS

Pour 1 portion – Préparation : 10 min

1 petite poire • quelques morceaux d'ananas • ½ cuil. à café de jus de citron • 1 sachet de sucre en poudre • 1 petit-suisse

Épluchez et coupez la poire en morceaux. Passez la poire et l'ananas au mixeur. Ajoutez le jus de citron, le sucre et le petit-suisse. Mixez encore jusqu'à obtenir une crème mousseuse. Servez immédiatement dans un petit bol.

MOUSSE DE MANGUE

Pour 1 portion – Préparation : 10 min

100 g de mangue • 20 cl de crème liquide • jus de citron

Mixez la chair de la mangue. Ajoutez un peu de jus de citron pour éviter qu'elle ne noircisse.

Montez la crème liquide en chantilly. Quand la chantilly est prise, mélangez-la délicatement à la purée de mangue et réservez au frais jusqu'au moment de servir.

Notre conseil : *pour que la chantilly prenne bien, il est nécessaire que la crème et le récipient soient bien froids. Placez-les au réfrigérateur 1 heure avant la préparation du dessert.*

MOUSSE RAPIDE AUX FRUITS

Pour 2 portions – Préparation : 10 min

2 cuil. à soupe de fromage blanc à 20 % de MG • 60 g de fruits au choix (pêche, abricot, poire...) • 1 blanc d'œuf • 2 cuil. à café de sucre vanillé • 2 carrés de chocolat noir

Dans un bol, fouettez le fromage pour l'aérer. Passez les fruits au mixeur séparément. Montez le blanc d'œuf en neige et incorporez-y le sucre vanillé. Pour chaque fruit, utilisez un récipient différent. Placez-y, dans l'ordre, un peu de fromage blanc, un peu d'œuf en neige, une purée de fruit. Au moment de servir, saupoudrez de chocolat râpé.

Notre conseil : *ces mousses doivent être préparées juste avant le repas et gardées au frais jusqu'au moment de les servir.*

MUFFINS À LA POIRE

Pour 4 pers. – Préparation : 15 min – Cuisson : 10 à 15 min

150 g de farine • 8 g de levure chimique • 40 g de sucre roux • 1 belle poire bien sucrée • 13 cl de lait • 60 g de beurre fondu • 1 œuf

Préchauffez le four à 180 °C (th. 6).

Mélangez la farine, la levure et le sucre dans un grand saladier. Ajoutez le lait légèrement tiède, le beurre, l'œuf préalablement battu et la poire épluchée et coupée en petits dés. Mélangez jusqu'à obtenir une pâte légèrement grumeleuse. Beurrez une plaque à muffins, répartissez la pâte dans les trous du moule. Enfournez et laissez cuire de 10 à 15 minutes, les muffins doivent être légèrement dorés. Renouvelez l'opération jusqu'à ce que tous les muffins soient cuits. Démoulez et laissez refroidir sur une grille.

PAIN D'ÉPICES

Pour 4 pers. – Préparation : 15 min – Cuisson : 50 min

200 g de miel liquide • 100 g de sucre • 1 verre de lait 2e âge • 250 g de farine • ½ cuil. à café de mélange « spécial pain d'épices » (10 g de cannelle, 5 g de gingembre, 15 g d'anis vert, 5 g de muscade, 5 g de clous de girofle) • 1 sachet de levure chimique • 1 noisette de beurre

Préchauffez le four à 150 °C (th. 5).

Faites fondre à feu doux le miel et le sucre jusqu'à ce que l'ensemble soit bien liquide. Ajoutez alors le lait tiède, puis la farine mélangée à la levure. Remuez bien le tout afin d'obtenir une pâte uniforme et sans grumeaux. Incorporez ensuite les épices et mélangez à nouveau. Répartissez la pâte dans un moule à cake préalablement beurré. Faites cuire environ 50 minutes. Vérifiez la cuisson en plantant un couteau au centre du gâteau. Il doit ressortir sec. Laissez refroidir avant de servir.

Notre conseil : *les quantités d'épices données ci-dessus sont plus importantes que nécessaire, cependant il est préférable de réaliser ce mélange dans sa totalité, en les broyant dans un moulin à café. Vous utiliserez la quantité adéquate pour cette recette et garderez le reste dans un bocal hermétique pour les pains futurs.*

PAIN PERDU À LA CANNELLE

Pour 4 pers. – Préparation : 15 min – Cuisson : 10 min

quelques tranches de pain blanc ou de brioche rassis • 1 assiette à soupe de lait 2e âge • 1 œuf • 20 g de beurre • 2 cuil. à café de sucre en poudre • 1 pincée de cannelle en poudre

Faites tremper les tranches de pain ou de brioche dans le lait battu avec l'œuf. Faites-les frire à la poêle dans le beurre des deux côtés. Puis, après avoir mélangé le sucre en poudre avec la cannelle, saupoudrez légèrement les tranches dorées. Servez, en prenant garde que Bébé ne se brûle pas !

PETITS BEIGNETS DE BANANE

Pour 2 portions – Préparation : 10 min – Cuisson : 10 min

2 bananes bien mûres • 1 œuf • 2 cuil. à soupe bombées de farine • 8 cuil. à soupe de lait 2e âge • 2 cuil. à soupe d'huile

Écrasez les bananes avec une fourchette, ajoutez l'œuf et la farine, puis mélangez énergiquement à l'aide d'un fouet. Versez un peu de lait afin que la pâte fasse le ruban (comme une pâte à crêpes). Faites chauffer un peu d'huile dans une poêle. Quand elle est chaude, déposez 1 cuillerée à soupe de la préparation, ou plusieurs cuillerées à intervalles réguliers. Faites dorer les beignets de chaque côté. Servez-les chauds ou tièdes.

POIRE AU BISCUIT

Pour 1 portion – Préparation : 15 min – Cuisson : 10 min

1 poire mûre • 1 biscuit à la cuillère

Épluchez la poire, ôtez les pépins et faites cuire les quartiers à la vapeur une dizaine de minutes jusqu'à ce qu'ils soient bien fondants. Écrasez la poire cuite et émiettez le biscuit à la cuillère dessus. Mélangez et laissez reposer pendant 5 minutes avant de servir.

POMMES RÂPÉES ACIDULÉES

Pour 1 portion – Préparation : 10 min

¼ de pomme granny-smith • ¼ de pomme golden • 1 cuil. à café d'huile de colza • 1 cuil. à café de jus de citron

Lavez, épluchez et épépinez les pommes. Râpez-les finement.

Dans un bol, mélangez l'huile de colza et le jus de citron.

Versez cet assaisonnement sur les pommes râpées et servez immédiatement.

SEMOULE AU LAIT SUR LIT DE POMME

Pour 2 portions – Préparation : 15 min – Cuisson : 20 min

1 pomme • 300 ml de lait de croissance • 20 g de semoule de blé dur très fine • 20 g de sucre • ½ gousse de vanille

Faites chauffer le lait de croissance avec la demi-gousse de vanille fendue dans le sens de la longueur. Ôtez la gousse de vanille et ajoutez le sucre et la semoule. Remuez sans cesse pendant environ 3 minutes. La préparation doit épaissir.

Lavez, pelez et épépinez la pomme. Coupez-la en morceaux. Dans une casserole, faites-la compoter pendant environ 15 minutes. Vous pouvez ajouter 1 cuillerée à soupe d'eau pour éviter que cela n'accroche à votre casserole.

Dans 2 ramequins (transparents, de préférence), étalez une couche de compote de pomme puis remplissez de semoule au lait. Laissez refroidir avant de servir.

SEMOULE VANILLE ET FLEUR D'ORANGER

Pour 1 portion – Préparation : 10 min – Cuisson : 10 min

300 ml de lait de croissance • 30 g de semoule fine • ½ sachet de sucre vanillé • 1 cuil. à café de sucre • 4 gouttes d'eau de fleur d'oranger

Faites bouillir le lait, puis versez la semoule en pluie. Laissez cuire à feu doux pendant 10 minutes.

Ajoutez ensuite le sucre vanillé, le sucre en poudre, l'eau de fleur d'oranger et remuez.

Faites à nouveau cuire quelques minutes.

Laissez refroidir avant de servir.

SMOOTHIE À LA FRAMBOISE

Pour 1 portion – Préparation : 5 min – Réfrigération : 1 h

100 ml de lait de croissance • 80 g de framboises fraîches ou surgelées • 2 cuil. à café de sucre semoule • 1 sachet de sucre vanillé

Lavez les framboises, mixez-les et passez-les à la passoire fine. Versez-les dans un bol, ajoutez le sucre, le lait de croissance et mixez le tout. Rafraîchissez au réfrigérateur pendant 1 heure avant de servir.

TARTE CONGOLAISE

Pour 4 à 6 pers. – Préparation : 15 min – Cuisson : 18 min

1 pâte feuilletée • 6 bananes • 1 pincée de cannelle en poudre • le jus d'½ citron

Préchauffez le four à 160 °C (th. 5-6).

Étalez la pâte dans un moule à tarte en gardant le papier de cuisson. Piquez la pâte feuilletée et faites-la cuire à blanc pendant 7 à 8 minutes.

Écrasez 2 bananes avec le jus de citron et coupez les 4 autres en rondelles très fines.

Sortez la pâte du four et étalez la purée de bananes. Répartissez ensuite les rondelles de bananes dessus, saupoudrez de cannelle puis faites cuire au four pendant 10 minutes.

Dégustez cette tarte tiède.

TIRAMISU FAÇON MAMAN

Pour 1 portion – Préparation : 15 min

2 cuil. à soupe de fromage blanc à 0 % de MG • 1 cuil. à café de sucre • ½ orange • 1 biscuit à la cuillère • 1 cuil. à café de cacao

Mélangez le fromage blanc avec le sucre vanillé. Pressez une moitié d'orange et imbibez légèrement le biscuit à la cuillère de ce jus. Mettez le biscuit dans un ramequin (au besoin coupez-le en deux), nappez de fromage blanc et saupoudrez d'un peu de cacao. Servez frais.

VACHERIN

Pour 4 pers. – Préparation : 15 min – Réfrigération : 12 h

4 gros œufs • 50 g de sucre en poudre • 25 cl de crème fraîche • 1 sachet de sucre vanillé • 3 grosses meringues

Cassez les œufs en séparant les blancs des jaunes. Mélangez les jaunes avec le sucre en poudre, la crème fraîche et le sucre vanillé. Battez ensuite les blancs en neige ferme et ajoutez-les délicatement à ce mélange. Incorporez alors les meringues préalablement cassées en morceaux (attention : ne pas les réduire en poudre !). Versez le tout dans un joli moule et laissez glacer au congélateur, ou dans le bac à glace du réfrigérateur, durant toute la nuit.

Notre conseil : *accompagnez ce vacherin de fruits frais ou de chocolat fondu.*

À partir de 15 mois

RECETTES SALÉES

CARROTTES ET NAVETS GLACÉS

Pour 1 portion – Préparation : 15 min – Cuisson : 30 min

100 g de carottes • 80 g de navets jaunes • 1 noisette de beurre • 1 pincée de sucre • 1 cuil. à soupe de persil haché • 1 pincée de sel

Lavez et épluchez les légumes. Coupez les carottes en dés et les navets en bâtonnets. Faites cuire les légumes à la vapeur pendant 25 minutes. Dans une casserole sur feu doux, faites fondre le beurre. Ajoutez le sel et le sucre, puis les légumes. Laissez mijoter 4 minutes puis remuez. Saupoudrez de persil haché avant de servir.

CRISTALLINES DE BETTERAVE SUR LIT DE POMME

Pour 1 portion – Préparation : 15 min – Cuisson : 40 min

½ betterave • ½ pomme • 1 noisette de beurre • 1 pincée de cannelle en poudre • sucre glace

Préchauffez le four à 120 °C (th. 4).

Pelez et coupez la demi-betterave en très fines rondelles. Placez les rondelles de betterave sur un papier sulfurisé (sans les superposer) et saupoudrez-les légèrement de sucre glace. Faites cuire au four pendant 30 minutes.

Pendant ce temps, lavez, pelez et coupez la demi-pomme en fines lamelles. Faites-les revenir à feu doux dans une poêle, avec la noisette de beurre et la cannelle pendant 10 minutes.

Dressez dans un ramequin les pommes fondantes écrasées et répartissez dessus les cristallines de betterave préalablement émiettées. Servez tiède.

GRATIN DE BETTES

Pour 1 portion – Préparation : 15 min – Cuisson : 30 min

150 g de bettes • 10 cl de lait demi-écrémé • 1 œuf • 20 g de gruyère râpé • 10 gouttes de jus de citron • 1 pincée de sel

Préchauffez le four à 210 °C (th. 7).

Lavez les côtes de bettes et éliminez les parties dures. Coupez-les en petits morceaux puis faites-les cuire dans de l'eau bouillante salée et légèrement citronnée pendant 15 minutes. Égouttez. Battez l'œuf en omelette et versez le lait peu à peu. Dans un plat à four, déposez les bettes, puis versez la préparation. Saupoudrez de gruyère râpé. Enfournez pour 15 minutes.

POULET À LA PURÉE D'AUBERGINES

Pour 4 pers. – Préparation : 20 min – Cuisson : 1 h 10

1 poulet • 3 aubergines • 1 cuil. à soupe d'huile de tournesol • 1 pomme de terre • 2 cuil. à soupe de lait demi-écrémé • 2 cuil. à soupe d'huile d'olive • 1 gousse d'ail finement hachée • sel

Faites rôtir le poulet au four à 210 °C (th. 7) pendant 1 heure.

Lavez les aubergines, piquez la peau et faites-les cuire dans leur peau à la vapeur en autocuiseur 10 minutes (ou 8 minutes au micro-ondes, ou 45 minutes au four). Pelez et lavez la pomme de terre. Coupez-la en cubes et faites-la cuire 5 minutes en autocuiseur. Égouttez les aubergines et retirez-en la chair avec une cuillère à café. Passez la part de Bébé au mixeur avec la pomme de terre cuite et le lait. Servez avec un peu de poulet coupé en tout petits morceaux.

Pour le reste de la famille, ajoutez l'huile d'olive, de l'ail finement haché et du sel à la pulpe d'aubergines. Mélangez à la fourchette et servez avec le poulet rôti.

RIZ CANTONAIS

Pour 1 portion – Préparation : 15 min – Cuisson : 30 min

30 g de riz • 1 œuf • 50 g de petits pois surgelés • 15 g de jambon

Faites cuire le riz selon les instructions inscrites sur le paquet, puis égouttez-le. Faites cuire les petits pois dans une grande quantité d'eau pendant 10 minutes. Battez les œufs, ajoutez 1 cuillerée à soupe d'eau. Faites cuire l'omelette à la poêle, coupez-la en petits morceaux. Mélangez ensuite le riz, les petits pois, le jambon et les morceaux d'omelette.

RIZ MEXICAIN

Pour 1 portion – Préparation : 15 min – Cuisson : 30 min

20 g de riz • 20 g de poulet • ¼ d'oignon • ½ gousse d'ail • 10 g de poivron rouge • 10 g de poivron vert • 80 g de tomate • 1 cuil. à café d'huile d'olive • ½ l d'eau • 1 noisette de beurre

Préchauffez le four à 220 °C (th. 7-8).

Lavez, épépinez les poivrons puis enfournez-les, peau sur le dessus, pendant 10 minutes. Sortez-les du four puis placez-les dans un sac plastique durant 5 minutes. Il est ainsi plus facile de les peler.

Pelez l'ail et l'oignon, hachez-les. Détaillez les poivrons en petits dés.

Faites revenir l'oignon, l'ail et les poivrons dans l'huile d'olive. Ajoutez le riz et laissez-le dorer. Versez ensuite l'eau, qui doit largement recouvrir la préparation.

Laissez cuire à feu doux pendant le temps de cuisson du riz, environ 15 minutes.

Plongez la tomate 1 minute dans de l'eau bouillante, puis dans de l'eau froide, pelez-la. Égrenez-la et coupez-la en morceaux.

Quelques minutes avant la fin de la cuisson, ajoutez les morceaux de tomate à l'eau de cuisson du riz.

Égouttez tous les ingrédients et mixez-les. Coupez le poulet en morceaux et faites-les dorer dans une poêle. Servez le riz mexicain accompagné de morceaux de poulet grillés hachés.

RECETTES SUCRÉES

CLAFOUTIS AU KIWI

Pour 4 pers. – Préparation : 15 min – Cuisson : 55 min

3 œufs • 2 cuil. à soupe de farine • 60 g de sucre • 200 ml de lait de croissance • 5 kiwis

Préchauffez le four à 180 °C (th. 6).

Dans un plat, battez les œufs avec le sucre. Ajoutez la farine puis ajoutez progressivement le lait de croissance préalablement bouilli.

Épluchez les kiwis. Réservez-en 1, puis coupez les 4 restants en morceaux.

Mixez le kiwi réservé et incorporez le jus obtenu à la préparation.

Placez les morceaux de kiwis au fond d'un plat allant au four. Versez la préparation sur les fruits. Faites cuire environ 45-50 minutes.

Servez tiède.

CROISSANTS DE LUNE

Pour 40 biscuits – Préparation : 20 min – Repos : 15 min – Cuisson : 15 min

210 g de farine • 60 g de sucre • 80 g de poudre de noisettes • 150 g de beurre • 1 œuf • 20 g de sucre glace

Mélangez la farine, le sucre et la poudre de noisettes dans une terrine, puis ajoutez le beurre coupé en petits morceaux. Incorporez ensuite l'œuf battu et pétrissez avec les mains jusqu'à obtention d'une grosse boule. Laissez reposer un quart d'heure au réfrigérateur.

Préchauffez le four à 160 °C (th. 5-6). Prélevez la pâte par cuillerées puis roulez-la entre les mains pour obtenir un petit rouleau d'1 cm de diamètre. Coupez le rouleau en tronçons de 5 cm, courbez-les en forme de croissant et déposez-les sur une plaque à pâtisserie.

Faites cuire à four doux pendant 15 minutes environ jusqu'à coloration des biscuits. Saupoudrez ensuite les biscuits de sucre glace.

GÂTEAU AUX POMMES ET À LA CITROUILLE

Pour 4 pers. – Préparation : 15 min – Cuisson : 1 h

800 g de chair de citrouille • 150 g de farine de blé • 150 g de cassonade • 2 pommes • 1 cuil. à soupe d'huile de tournesol • 1 cuil. à soupe d'extrait de vanille

Préchauffez le four à 220 °C (th. 7-8).

Lavez et pelez les pommes, découpez-les en petits dés. Coupez la citrouille en deux, puis sa chair en gros dés. Faites cuire 20 minutes les dés de citrouille dans une grande quantité d'eau bouillante. Égouttez soigneusement, puis passez au mixeur. Ajoutez l'huile de tournesol, la farine, la cassonade, les dés de pommes et l'extrait de vanille.

Versez la pâte dans un moule de 26 cm de diamètre, placez au four et faites cuire 40 minutes.

Dégustez ce gâteau tiède ou froid.

MADELEINES À LA FLEUR D'ORANGER

Pour 12 madeleines – Préparation : 10 min – Cuisson : 10 min

150 g de farine • 125 g de beurre fondu + 25 g pour le moule • 150 g de sucre en poudre • 2 œufs • 2 cuil. à soupe de fleur d'oranger

Préchauffez le four à 180 °C (th. 6). Dans un saladier, mélangez sucre et œufs entiers. Lorsque le mélange est bien mousseux, versez la farine. Dès obtention d'une pâte homogène, versez la fleur d'oranger, puis le beurre fondu. Une fois la pâte prête, beurrez le moule à madeleines et remplissez-le. Enfournez et laissez cuire la préparation entre 8 à 10 minutes selon votre four. À déguster froid, tiède ou chaud en fonction des goûts...

POMME SURPRISE

Pour 1 portion – Préparation : 15 min – Trempage : 1 h – Cuisson : 10 min

1 pomme • 2 ou 3 pruneaux d'Agen (selon la taille de la pomme) • 1 tranche de pain brioché • 1 cuil. à café de sucre vanillé • 1 petite noisette de beurre

1 heure avant de préparer ce dessert, faites tremper les pruneaux dans un petit bol d'eau chaude.

Épluchez la pomme sans la couper, et creusez son cœur afin d'en enlever les pépins. Égouttez ensuite les pruneaux, ôtez les noyaux et glissez-les au milieu de la pomme. Mettez la tranche de brioche dans un petit plat à four à micro-ondes. Posez la pomme sur la tranche de brioche, déposez la noisette de beurre comme un chapeau sur le dessus de la pomme, saupoudrez de sucre vanillé. Faites cuire au micro-ondes pendant 10 minutes environ. Dégustez tiède.

Notre conseil : *si vous utilisez un four traditionnel, comptez environ 40 minutes de cuisson.*

À partir de 18 mois

RECETTES SALÉES

ARTICHAUT FARCI AUX CREVETTES

Pour 1 portion – Préparation : 15 min – Cuisson : 20 min

1 fond d'artichaut cuit (frais ou surgelé) • 30 g de crevettes cuites décortiquées • ½ yaourt • 1 cuil. à café de jus de citron • 2 cuil. à café d'huile de tournesol • 1 cuil. à café de ciboulette ciselée • sel

Mélangez le yaourt avec le citron, l'huile, la ciboulette et le sel. Mixez la moitié des crevettes. Ajoutez le yaourt. Répartissez la préparation sur le fond d'artichaut. Décorez avec les crevettes restantes.

AUMÔNIÈRE DE POISSON SURPRISE

Pour 1 portion – Préparation : 15 min – Cuisson : 30 min

50 g de filet de poisson (cabillaud, sabre, empereur, merlan...) • ½ carotte • 25 g de riz • 50 g d'épinards frais, surgelés ou en conserve • 1 brin de persil • 1 noisette de beurre • quelques gouttes de jus de citron • sel

Préchauffez le four à 210 °C (th. 7).

Épluchez la carotte et coupez-la en fins bâtonnets. Faites-les cuire avec le riz 20 minutes environ dans de l'eau bouillante. Répartissez au centre d'une feuille de papier de cuisson riz, épinards, poisson, bâtonnets de carotte, persil haché, beurre.

Citronnez et salez. Refermez la papillote. Faites cuire au four 10 minutes.

Notre conseil : *prenez soin d'ouvrir la papillote avant de servir afin de laisser la vapeur s'échapper et n'oubliez pas d'ôter les arêtes du poisson.*

BOULETTES DE CABILLAUD AUX PETITS LÉGUMES

Pour 1 portion – Préparation : 15 min – Cuisson : 20 min

30 g de cabillaud • 1 petit oignon blanc • 3 brins de cerfeuil • 1 carotte • 50 g de petit pois • 50 g de haricots verts • 2 noisettes de beurre • sel

Lavez les légumes, épluchez-les et enlevez les fils des haricots. Coupez la carotte en petits dés. Faites cuire les légumes dans de l'eau bouillante salée pendant environ 10 minutes. Pelez l'oignon et coupez-le en quatre. Lavez et essuyez le cerfeuil. Mixez le poisson avec l'oignon et le cerfeuil. Formez des boulettes avec cette préparation et faites-les cuire à la vapeur pendant 6 minutes environ. Écrasez les légumes à la fourchette avec le beurre. Servez les boulettes accompagnées de la purée de légumes verts.

CABILLAUD AUX LÉGUMES ET AU RIZ

Pour 1 portion – Préparation : 15 min – Cuisson : 20 min

60 g de carotte • 60 g de courgette • 30 g de filet de cabillaud (ou colin, merlan, raie...) • 30 g de riz • huile d'olive

Épluchez les légumes et lavez-les. Râpez la carotte et la courgette (ou coupez-les en fines lamelles). Réservez.

Séparément, faites cuire la portion de riz dans un volume d'eau.

Versez un filet d'huile d'olive dans une poêle et faites revenir le filet de poisson. Réservez. Dans une autre poêle, faites revenir la carotte râpée avec un filet d'huile d'olive pendant quelques minutes (au besoin ajoutez un peu d'eau). Ajoutez ensuite la courgette. Laissez cuire quelques minutes et remettez le poisson préalablement cuit.

Avant de servir, ajoutez le riz et mélangez.

CAKE AUX OLIVES

Pour 4 pers. – Préparation : 15 min – Cuisson : 20 min

200 g de farine • 125 g de beurre • 3 œufs • 1 petite poignée de gruyère râpé (ou 1 cuil. à soupe de parmesan) • 100 g de petits lardons fumés • 100 g d'olives vertes dénoyautées • 1 sachet de levure

Préchauffez le four à 180 °C (th. 6).

Mélangez la farine et la levure avec le beurre ramolli jusqu'à obtenir une pâte uniforme. Incorporez les œufs entiers un à un. Ajoutez ensuite le gruyère (ou le parmesan), les lardons et les olives dénoyautées. Mélangez bien l'ensemble. Versez cette pâte dans un moule à cake antiadhésif (de 25 cm de long). Faites cuire à four chaud pendant 1 heure environ.

Lorsque le cake est bien doré et gonflé, vérifiez sa cuisson à l'aide d'un couteau (si la lame ressort sèche, c'est cuit !).

CANARD AUX NAVETS À LA MOUTARDE

Pour 1 portion – Préparation : 15 min – Cuisson : 20 min

40 g de magret de canard • 4 navets • ⅓ de cuil. à café de moutarde douce • 2 pincées de sucre • 1 cuil. à soupe de crème

Lavez puis épluchez les navets. Coupez-les en dés. Faites bouillir de l'eau, plongez-y les dés de navets une dizaine de minutes, jusqu'à ce qu'ils soient bien tendres, puis égouttez. Dans une petite casserole, faites fondre la moutarde avec la crème et le sucre, ajoutez les dés de navets, remuez, couvrez et gardez à feu très doux.

Retirez la peau grasse du magret et ne conservez que 30 g de viande bien maigre. Émincez-la en fines lanières et faites-les dorer doucement dans une poêle antiadhésive. Comptez 4 minutes de cuisson en retournant les morceaux. Servez le magret accompagné des navets et de leur sauce.

CITROUILLE EN GRATIN

Pour 1 portion – Préparation : 15 min – Cuisson : 35 min

200 g de chair de citrouille • 1 petite pomme de terre • 40 g de comté • 1 œuf

Préchauffez le four à 220 °C (th. 7).

Lavez la citrouille puis extrayez la chair et détaillez-la en petits cubes. Lavez et pelez les pommes de terre. Découpez-les en petits dés.

Dans une casserole, portez à ébullition une grande quantité d'eau. Placez-y les cubes de citrouille et de pomme de terre. Laissez cuire 20 minutes à gros bouillons. Égouttez-les soigneusement sur du papier absorbant. Placez-les dans un plat huilé allant au four.

Recouvrez de comté râpé en réservant 2 cuillerées à soupe de fromage. Battez l'œuf en omelette. Versez cette préparation sur les légumes, saupoudrez du reste de fromage et faites cuire 15 minutes au four.

COLIN AU QUINOA, PURÉE DE TOMATE CRUE AU PERSIL

Pour 1 portion – Préparation : 15 min – Cuisson : 15 min

30 g de chair de colin • 2 cuil. à soupe de quinoa • 1 tomate bien mûre • 1 cuil. à café d'huile d'olive • 1 petit brin de persil

Ôtez le pédoncule de la tomate puis lavez-la et coupez-la en petits morceaux. Mixez-les finement avec le brin de persil lavé.

Passez ensuite la purée obtenue à la passoire tamis. Mélangez avec l'huile d'olive et réservez.

Faites cuire le quinoa dans de l'eau bouillante comme indiqué sur le paquet, mais rallongez le temps de cuisson de 2 ou 3 minutes et ne salez pas. 5 minutes avant la fin de la cuisson du quinoa, rajoutez le colin après avoir vérifié qu'il n'y a pas d'arêtes dans le morceau. Égouttez quinoa et poisson puis écrasez-les ensemble. Mélangez avec la purée de tomate crue au persil.

CRUMBLE DE POISSON

Pour 1 portion – Préparation : 15 min – Cuisson : 20 min

30 g de poisson • 1 petite tomate • quelques petits pois • 1 pincée de ciboulette ciselée • le jus d'1 citron (ou 1 filet d'huile d'olive) • 50 g de farine • 25 g de beurre • 1 pincée de sel

Préparez la pâte à crumble : malaxez du bout des doigts la farine, le beurre et la pincée de sel jusqu'à obtention d'une pâte sableuse.

Préchauffez le four à à 210 °C (th. 7).

Coupez la tomate en petits dés après l'avoir épépinée.

Faites cuire le poisson à l'eau pendant 5 minutes. Mélangez la tomate coupée en dés, quelques petits pois, la ciboulette et le jus de citron (ou huile d'olive) au poisson cuit. Versez cette préparation dans un ramequin, puis saupoudrez de pâte sableuse. Enfournez pour 15 minutes. Laissez tiédir avant de servir.

CURRY BABY ET SON RIZ

Pour 1 portion – Préparation : 15 min – Cuisson : 50 min

30 g d'escalope de poulet (ou de blanc) • 1 pomme • 30 g de riz • 1 petite pincée de poudre de curry doux • 1 cuil. à soupe de lait de coco • 25 cl de lait demi-écrémé • 1 cuil. à soupe de jus de citron • 1 noisette de beurre

Épluchez la pomme, épépinez-la, coupez-la en petits dés et arrosez de jus de citron pour qu'elle ne noircisse pas. Coupez l'escalope de poulet en petits dés. Mettez les morceaux de poulet et de pomme dans une casserole contenant le lait. Ajoutez la poudre de curry doux et laissez cuire à feu doux pendant 20 minutes environ. Incorporez alors le lait de coco et la noisette de beurre, puis laissez cuire encore 10 minutes. Pendant ce temps, faites cuire le riz, préalablement lavé, dans une casserole d'eau bouillante salée pendant 20 minutes. Disposez le riz dans une assiette et le curry baby à côté et servez.

DÉS DE POULET À L'ESPAGNOLE

Pour 1 portion – Préparation : 15 min – Cuisson : 25 min

30 g de poulet • 1 cuil. à café d'huile d'olive • ½ oignon • ½ gousse d'ail • 1 tomate • ½ courgette • 25 g de champignons de Paris • 80 g de riz long bien cuit • 1 petite pincée de poivre

Coupez le poulet en petits dés. Pelez et émincez l'ail et l'oignon. Pelez la tomate après l'avoir plongée dans de l'eau bouillante. Lavez, essuyez et émincez les champignons. Lavez et essuyez la demi-courgette, puis coupez-la en petits dés.

Dans une poêle, faites chauffer l'huile d'olive. Faites-y dorer les petits dés de poulet préalablement poivrés. Lorsqu'ils sont cuits, réservez-les.

Mettez dans la poêle l'oignon et l'ail émincés. Ajoutez la tomate pelée, la courgette, puis 10 cl d'eau, les champignons et laissez mijoter 10 à 15 minutes.

Mixez les légumes et les champignons. Mélangez le riz bien cuit et les légumes mixés puis servez avec les dés de poulet.

DINDE EN PAPILLOTE

Pour 1 portion – Préparation : 15 min – Cuisson : 15 min

30 g d'escalope de dinde • 60 g de gruyère • 50 g de petits pois surgelés • 1 cuil. à café de persil haché • ½ cuil. à café d'huile d'olive • sel

Préchauffez le four à 210 °C (th. 7).

Mixez l'escalope de dinde pour la réduire en purée. Découpez de minces copeaux de gruyère. Mélangez le hachis de dinde, les petits pois et le persil. Ajoutez 1 pincée de sel. Préparez une feuille d'aluminium et huilez-la. Placez quelques copeaux de gruyère puis le mélange dinde et petits pois. Recouvrez de copeaux de gruyère. Fermez la papillote et faites cuire 15 minutes au four.

ENDIVE AU JAMBON ET SIROP D'ÉRABLE

Pour 1 portion – Préparation : 15 min – Cuisson : 20 min

1 endive bien blanche • 1 cuil. à café de sirop d'érable • 30 g de jambon sans gras ni couenne • 1 noisette de beurre

Passez rapidement l'endive sous l'eau, ne la laissez pas tremper. Coupez le pied et incisez dans la base en retirant un petit cône de chair à l'endroit où l'endive est plus coriace et amère. Faites bouillir de l'eau et plongez-y l'endive. Couvrez et laissez cuire une vingtaine de minutes jusqu'à ce qu'elle soit tendre à cœur. Égouttez longuement puis pressez délicatement l'endive, d'abord dans la passoire, puis dans un linge pour en extraire l'eau au maximum. Mixez le jambon. Coupez l'endive assez menu, mélangez-la au beurre et au sirop et parsemez de jambon.

FLAN DE POTIRON

Pour 1 portion – Préparation : 10 min – Cuisson : 30 min

50 g de chair de potiron • 1 œuf • 1 cuil. à café de crème fraîche • ½ cuil. à café de sucre de canne

Coupez la chair de potiron en petits morceaux. Faites-les cuire à la vapeur pendant 5 à 10 minutes afin que le potiron soit bien tendre. Laissez refroidir. Écrasez la pulpe et mélangez-la avec la crème fraîche et l'œuf. Ajoutez le sucre de canne. Versez la préparation dans un ramequin beurré et mettez le ramequin dans le panier du cuiseur vapeur. Faites cuire à la vapeur (sans pression) une vingtaine de minutes jusqu'à ce que le flan soit pris. Laissez refroidir. Servez tiède ou froid.

FOND D'ARTICHAUT AUX CREVETTES

Pour 1 portion – Préparation : 15 min

1 fond d'artichaut cuit • 100 g de fromage blanc • 25 g de crevettes décortiquées • 1 cuil. à soupe de persil haché • 1 pincée de curry

Découpez les crevettes en petits morceaux puis mélangez-les avec le fromage blanc, le persil et le curry. Farcissez le fond d'artichaut de cette garniture et servez frais.

FOND D'ARTICHAUT GRATINÉ, SAUCE AU JAMBON

Pour 1 portion – Préparation : 15 min – Cuisson : 30 min

1 fond d'artichaut surgelé • 30 g de jambon blanc • ½ pomme de terre • ½ petit-suisse • 10 g d'emmental râpé • noix de muscade

Faites cuire le fond d'artichaut à la vapeur dans l'autocuiseur 15 minutes.

Épluchez la moitié d'1 pomme de terre et mettez-la à cuire dans de l'eau bouillante une dizaine de minutes jusqu'à ce qu'elle soit tendre à la pointe du couteau.

Mélangez le jambon préalablement mixé et la pomme de terre écrasée avec la moitié d'1 petit-suisse et un peu de noix de muscade râpée. Farcissez le fond d'artichaut de cette préparation et parsemez d'emmental râpé.

Passez au four le temps de dorer légèrement.

GNOCCHIS À LA POPEYE

Pour 1 portion – Préparation : 20 min – Cuisson : 30 min

125 g d'épinards • 1 grosse pomme de terre (150 g) • 50 g de farine • 1 cuil. à café d'huile

Lavez, épluchez et coupez les pommes de terre en morceaux. Faites-les cuire à la vapeur pendant 20 minutes. Lavez les épinards et plongez-les dans de l'eau bouillante pendant 5 minutes. Égouttez-les, pressez-les puis hachez-les.

Écrasez les pommes de terre à l'aide d'une fourchette, puis ajoutez la farine et les épinards hachés.

Façonnez des bâtonnets puis coupez-les en petits cubes. Roulez ensuite ces cubes sur les dents d'une fourchette pour dessiner des stries. Roulez les gnocchis dans une fine couche de farine, puis plongez-les dans de l'eau bouillante. Lorsqu'ils remontent à la surface, récupérez-les à l'écumoire et passez-les quelques minutes dans une poêle avec l'huile.

GNOCCHIS, SAUCE AU BLEU D'AUVERGNE

Pour 1 portion – Préparation : 10 min – Cuisson : 10 min

60 g de gnocchis frais • 1 cuil. à café de bleu d'Auvergne (ou de gorgonzola) • 1 cuil. à soupe de yaourt • 1 brin de thym frais

Remplissez d'eau une petite casserole et mettez-y le brin de thym frais préalablement lavé. Portez le tout à ébullition puis plongez les gnocchis, sans couvrir. Arrêtez la cuisson au bout de 2 minutes et égouttez les gnocchis dès qu'ils flottent tous à la surface.

Dans cette même casserole, faites fondre, à petit feu, le bleu d'Auvergne, ou à défaut le gorgonzola, avec le yaourt.

Coupez les gnocchis en petits morceaux et mélangez-les à la sauce.

GRATIN DE CHOU-FLEUR À LA BOLOGNAISE

Pour 1 portion – Préparation : 15 min – Cuisson : 20 min

¼ de chou-fleur • 10 g de beurre • 10 g de farine • 12,5 cl de lait demi-écrémé • 35 g d'emmental râpé • 1 cuil. à café de moutarde • 1 jus d'½ citron • 50 g de bœuf haché • ½ oignon • 2 tomates • 1 filet d'huile d'olive • sel - poivre

Faites cuire le chou-fleur 10 minutes à la vapeur. Préchauffez le four à 180 °C (th. 6).

Préparez la sauce bolognaise : faites revenir les oignons émincés dans un filet d'huile, puis ajoutez la viande hachée. Ajoutez ensuite les tomates. Salez et poivrez.

Préparez la sauce Béchamel : faites fondre doucement le beurre dans une casserole. Versez la farine en remuant avec une cuillère en bois. Retirez la casserole du feu. Incorporez lentement le lait et battez pour obtenir un mélange onctueux. Remettez la casserole sur le feu jusqu'à ce que la sauce épaississe. Ajoutez la moitié du fromage, la moutarde, du sel, du poivre et le jus de citron. Dans un plat, déposez la sauce bolognaise, le chou-fleur puis recouvrez de sauce Béchamel et parsemez le tout avec le reste du fromage râpé. Faites cuire 20 minutes au four.

HOUMOUS, TOMATES CERISE ET OLIVES NOIRES

Pour 1 portion – Préparation : 15 min – Réfrigération : 1 h

3 cuil. à soupe de pois chiches cuits • 4 tomates cerise • 2 olives noires • 1 cuil. à café d'huile d'olive • 1 cuil. à café de jus de citron • 1 cuil. à soupe de yaourt

Égouttez les pois chiches, enlevez soigneusement la peau épaisse qui les recouvre et qui est très indigeste. Puis mixez-les le plus finement possible avec le yaourt, le jus de citron et l'huile d'olive. Lorsque vous avez obtenu une purée lisse et homogène, étalez-la au fond de l'assiette de l'enfant et décorez avec de fines tranches de tomate cerise. Dénoyautez les olives, puis réduisez leur pulpe en purée. Laissez reposer au réfrigérateur une bonne heure.

Notre conseil : *accompagnez ce houmous d'un peu de pain toasté.*

MADAME TOMATE

Pour 1 portion – Préparation : 5 min

30 g de thon au naturel • 1 tomate • 1 cuil. à café de mayonnaise

Lavez la tomate. Coupez un chapeau au sommet. Videz le contenu de la tomate à l'aide d'une petite cuillère, retournez-la pour qu'elle rende son eau. Mélangez le thon au naturel avec la mayonnaise. Remplissez la tomate avec le mélange thon-mayonnaise. Refermez avec le chapeau. C'est prêt !

MERLAN AU COMTÉ

Pour 1 portion – Préparation : 15 min – Cuisson : 20 min

1 petit filet de merlan (de 30 g environ) • ½ courgette • 1 cuil. à café de comté râpé • 2 cuil. à café de lait • persil

Faites cuire le poisson dans une poêle antiadhésive. Saupoudrez de fromage et arrosez de lait. Laissez cuire à couvert pendant 5 minutes. Coupez la demi-courgette en rondelles et faites-la cuire à la vapeur avec le persil pendant 15 minutes. À la fin de la cuisson, dressez dans une assiette le poisson avec les rondelles de courgette.

MINESTRONE DE PRINTEMPS

Pour 4 pers. – Préparation : 15 min – Cuisson : 25 min

2 poireaux • 1 courgette • 2 carottes • 1 goutte d'huile • 100 g de haricots verts • 2 tomates • 1 verre de pâtes type vermicelles, étoiles... • 2 branches de basilic (facultatif) • sel - poivre

Effilez les haricots et coupez-les menu, pelez les tomates, épépinez-les et coupez-les en dés. Lavez les poireaux et la courgette, épluchez les carottes puis râpez-les. Faites chauffer l'huile dans une cocotte. Ajoutez les légumes. Faites cuire 5 minutes. Salez. Arrosez avec 1 litre d'eau bouillante. Dès la reprise de l'ébullition, baissez le feu. Laissez cuire 10 minutes. Ajoutez les pâtes. Poursuivez la cuisson encore 10 minutes. Assaisonnez. Parsemez de basilic ciselé. Servez chaud.

MOUSSELINE RAPIDE DE LÉGUMES VERTS

Pour 1 portion – Préparation : 15 min – Cuisson : 20 min

1 pomme de terre • 50 g de petits pois surgelés • 70 g de haricots verts surgelés • 1 filet d'huile d'olive • 1 fromage frais

Épluchez la pomme de terre et découpez-la en morceaux. Faites cuire à la vapeur pomme de terre, petits pois et haricots verts pendant 20 minutes environ. Après cuisson, conservez très peu d'eau et rajoutez un léger filet d'huile d'olive et le fromage frais. Mixez l'ensemble jusqu'à obtenir une préparation très onctueuse, voire crémeuse suivant la quantité d'eau utilisée.

ŒUF GLOUBI-BOULGA

Pour 1 portion – Préparation : 15 min – Cuisson : 20 min

1 tomate • ¼ de tranche de jambon • 1 œuf • 40 g de riz nature déjà cuit • 1 petite pincée d'herbes de Provence • huile d'olive • sel

Coupez la tomate en petits cubes et faites-la fondre dans de l'huile d'olive avec quelques herbes de Provence. Ajoutez le jambon coupé en petits dés. Cassez l'œuf sur le mélange et laissez cuire. Salez très légèrement. Retirez du feu quand l'œuf est cuit. Mettez le tout sur le riz nature. Juste avant de servir, découpez l'œuf au plat afin que le jaune, le blanc et les tomates se mélangent intimement au riz. Servez.

OMELETTE À L'ESTRAGON ET DÉS DE TOMATE

Pour 1 portion – Préparation : 15 min – Cuisson : 5 min

1 tomate bien mûre • 1 œuf extra-frais • 1 cuil. à soupe de lait demi-écrémé • 2 feuilles d'estragon • 4 gouttes d'huile d'olive

Pelez la tomate (plongez-la durant quelques secondes dans de l'eau bouillante après avoir incisé la peau d'une croix). Coupez la chair en dés, jetez les pépins. Mélangez à quelques gouttes d'huile d'olive. Ciselez finement l'estragon. Battez l'œuf avec le lait et 2 pincées d'estragon. Faites cuire dans une poêle antiadhésive jusqu'à ce que l'omelette soit bien cuite. Servez-la coupée en morceaux avec les dés de tomate à l'huile d'olive.

OMELETTE AUX LÉGUMES GRATINÉE

Pour 1 portion – Préparation : 15 min – Cuisson : 18 min

½ courgette • ¼ de carotte • ¼ d'oignon • 1 tranche de bacon • ½ cuil. à café d'herbes de Provence • 1 œuf • 3 cl de lait • 3 cl de crème fraîche • 1 cuil. à café d'huile d'olive • 15 g de gruyère râpé

Pelez et râpez le morceau de carotte. Pelez et hachez le quart d'oignon ; pelez, râpez et pressez la courgette pour la vider de son eau. Coupez ensuite le bacon en petits morceaux et rassemblez carotte râpée, courgette râpée, dés de bacon, oignon émincé et herbes de Provence dans un plat.

Préparez l'omelette : dans un saladier, battez l'œuf avec le lait et la crème fraîche jusqu'à obtenir un mélange onctueux. Versez sur les légumes. Mélangez bien. Dans une poêle antiadhésive, faites revenir un peu d'huile à feu moyen, puis versez le mélange et laissez cuire à feu doux environ 10 à 15 minutes. L'omelette doit être dorée et cuite au centre.

Pendant la cuisson, préchauffez le gril. Répartissez le gruyère râpé sur l'omelette cuite et placez-la à peu près 3 minutes sous le gril, le temps de gratiner.

Notre conseil : *servez cette omelette coupée en parts comme un gâteau et accompagnez-la de légumes cuits à la vapeur.*

PAIN DE POISSON, SAUCE ROSE

Pour 1 portion – Préparation : 20 min – Cuisson : 30 min

30 cl de soupe à la tomate • 30 g de filet de limande • ¼ de courgette • 1 petit-suisse • 1 œuf • 2 cuil. à soupe de yaourt • 1 tranche de pain de mie • 1 branche de cerfeuil • 1 noisette de beurre • sel

Préchauffez le four à 180 °C (th. 6).

Hachez finement le poisson. Lavez la courgette, puis râpez-la avec une grille fine. Lavez et ciselez le cerfeuil. Dans un saladier, mélangez le petit-suisse avec l'œuf battu. Ajoutez le pain de mie émietté, le poisson et 12,5 cl de soupe à la tomate. Mélangez. Incorporez ensuite la courgette râpée et le cerfeuil haché. Salez et mélangez à nouveau. Versez cette préparation dans un petit moule à cake enduit de beurre et faites cuire au bain-marie dans le four pendant 30 minutes. Servez de petites tranches de ce pain de poisson avec le restant de soupe à la tomate mélangée avec le yaourt.

PATATES DOUCES AU JAMBON

Pour 1 portion – Préparation : 15 min – Cuisson : 30 min

100 g de patates douces • 100 ml de lait de croissance • 1 noisette de beurre • quelques gouttes de jus de citron • 30 g de jambon

Pelez et lavez les patates douces, coupez-les en morceaux et faites-les cuire 30 minutes à l'eau bouillante. Passez-les au mixeur avec le jambon en incorporant le lait, le beurre et quelques gouttes de citron. Réchauffez dans une casserole et versez dans l'assiette de Bébé.

PETITE SALADE DE CONCOMBRE À L'ŒUF DUR ET AU FROMAGE BLANC

Pour 1 portion – Préparation : 15 min – Cuisson : 5 min

1 œuf • 1 tronçon de concombre de 6 cm environ • 1 cuil. à soupe de fromage blanc à 20 % de MG • 1 brin de cerfeuil

Couvrez l'œuf d'eau chaude et laissez cuire à feu vif pendant 10 minutes à partir de l'ébullition. Placez l'œuf sous l'eau froide pour arrêter la cuisson. Épluchez le tronçon de concombre et coupez-le en quatre dans la longueur. Retirez les pépins. Râpez la pulpe assez finement. Essorez-la dans une passoire tamis. Mélangez la pulpe du concombre avec le fromage blanc et le cerfeuil lavé, équeuté, puis finement ciselé. Écalez l'œuf et hachez-le menu au couteau. Ajoutez-le au concombre et mélangez bien. Servez cette salade à température ambiante.

PETIT TAJINE AUX PRUNEAUX

Pour 1 portion – Préparation : 15 min – Cuisson : 1 h 15

30 g d'agneau • 1 cuil. à café de poudre d'amandes • 3 ou 4 pruneaux dénoyautés • ¼ d'oignon doux • 1 cuil. à café de raisins secs • huile d'olive

Pelez et hachez l'oignon. Faites dorer la viande coupée en morceaux dans une casserole avec un peu d'huile. Réservez-la puis mettez à fondre à feu doux l'oignon haché dans cette même casserole. Laissez mijoter doucement pendant 10 minutes puis ajoutez la poudre d'amandes, mélangez bien et retirez du feu.

Pendant ce temps, faites chauffer, dans une casserole sur feu vif, les pruneaux et les raisins recouverts d'eau. Retirez du feu dès ébullition. Dans la première casserole, remettez la viande avec les pruneaux et les raisins. Incorporez l'eau de cuisson des fruits et laissez cuire à feu très doux pendant environ 1 heure.

PIZZA POTIMARRON-TOMATE-MOZZARELLA

Pour 1 portion – Préparation : 15 min – Cuisson : 20 min

¼ de pâte à pizza • 1 tranche de potimarron de 3 cm d'épaisseur environ • 2 tomates cerise • 1 mini boule de mozzarella • 1 feuille de basilic frais • 1 cuil. à café d'huile d'olive • 4 lardons fumés bien maigres • un peu de farine

Farinez le plan de travail, étalez la pâte à pizza. Découpez-y un rond de 10 cm de diamètre environ. Faites chauffer le four à 250 °C (th. 9). Couvrez la plaque du four de papier cuisson et posez dessus le potimarron coupé en petits cubes, pulpe débarrassée des pépins. Enfournez 10 minutes jusqu'à ce que les cubes soient tendres à la pointe du couteau. Ôtez alors la fine peau et réduisez la pulpe en purée avec une fourchette. Mélangez-la avec l'huile d'olive. Tartinez la pâte à pizza de cette purée, couvrez de fines tranches de tomates cerise lavées. Terminez par des lichettes de mozzarella, les lardons et le basilic finement ciselé. Enfournez 10 minutes environ ; la pizza doit être bien dorée.

POMME DE TERRE ET VEAU HACHÉ, SAUCE À LA CRÈME AUX HERBES

Pour 1 portion – Préparation : 15 min – Cuisson : 20 min

1 pomme de terre de taille moyenne • 30 g de veau haché • 1 cuil. à soupe de crème fraîche • 2 brins de persil • 2 brins de cerfeuil • 1 brin de ciboulette

Lavez et brossez la pomme de terre, mais ne la pelez pas. Mettez-la dans une petite casserole d'eau, couvrez et portez à ébullition. Laissez cuire durant une vingtaine de minutes jusqu'à ce que la pomme de terre soit tendre à la pointe du couteau. Égouttez.

Simultanément, faites cuire à feu très doux le veau haché mélangé à la crème et aux fines herbes finement ciselées. Épluchez la pomme de terre, puis écrasez-la avec le veau et la crème aux herbes.

PORC GRILLÉ AUX PETITS POIS

Pour 1 portion – Préparation : 20 min – Cuisson : 20 min

50 g de grillade de porc • 100 g de petits pois surgelés • 1 cuil. à soupe de lait demi-écrémé • sel

Faites bouillir 25 cl d'eau légèrement salée. Versez les petits pois dans la casserole et faites-les cuire 15 minutes. Faites griller la viande au gril. Égouttez les petits pois. Mixez avec le lait. Servez cette purée avec un peu de porc découpé en tout petits morceaux.

POULET VAPEUR, FENOUIL ET TOMATE

Pour 1 portion – Préparation : 15 min – Cuisson : 15 min

30 g de filet de poulet fermier • 1 bulbe de fenouil • 1 tomate • 1 cuil. à café d'huile d'olive

Passez le cœur du fenouil sous l'eau avant de le couper en tout petits dés. Plongez la tomate dans de l'eau bouillante pendant 30 secondes, puis pelez-la, avant de la couper elle aussi en petits dés et de jeter ses pépins. Débarrassez le filet de poulet d'éventuels morceaux de gras ou de cartilage et émincez-le. Placez tous ces ingrédients dans le panier du cuiseur vapeur. Mettez ½ litre d'eau dans le fond du cuiseur vapeur, couvrez et portez à feu vif. Laissez cuire 10 à 15 minutes jusqu'à ce que les légumes soient tendres. Ajoutez l'huile d'olive au moment de servir, coupez le poulet en très petits morceaux ou mixez-le.

PURÉE DE POTIMARRON À LA POMME, AIGUILLETTES DE CANARD

Pour 1 portion – Préparation : 15 min – Cuisson : 15 min

200 g de potimarron • ½ pomme • 30 g d'aiguillettes de canard dégraissées • 1 noisette de beurre

Retirez les pépins, les filaments et la peau du potimarron. Coupez la pulpe en petits dés. Épluchez ensuite la demi-pomme et retirez-en les pépins. Détaillez-la également en petits dés. Mettez potimarron, pomme et aiguillettes de canard dans le panier du cuiseur vapeur et laissez cuire une quinzaine de minutes jusqu'à ce que le potimarron soit tendre à la pointe du couteau. Écrasez les légumes à la fourchette et coupez les aiguillettes de canard en très petits morceaux. Ajoutez le beurre et mélangez bien avant de servir.

QUICHE AUX CHAMPIGNONS

Pour 4 pers. – Préparation : 15 min – Cuisson : 50 min

1 pâte brisée • 600 g de champignons de Paris • ½ oignon • 1 échalote • 2 cuil. à soupe d'huile • 3 œufs • 10 cl de crème fraîche • 150 g de gruyère râpé • noix de muscade

Épluchez et hachez finement l'échalote et l'oignon. Nettoyez et coupez les champignons.

Faites revenir doucement l'échalote et l'oignon dans l'huile chaude. Ajoutez les champignons et laissez cuire 10 minutes à feu vif jusqu'à ce que l'eau s'évapore.

Préchauffez le four à 210 °C (th. 7).

Foncez un moule à tarte avec la pâte brisée.

Dans un bol, mélangez les œufs, la crème, le gruyère et un peu de noix de muscade en poudre. Recouvrez le fond de pâte avec les champignons refroidis, puis répartissez dessus le mélange crème, œufs et fromage. Enfournez et laissez cuire 30 à 40 minutes.

RASCASSE ET BOULGOUR AU BASILIC

Pour 1 portion – Préparation : 15 min – Cuisson : 20 min

30 g de filet de rascasse • 1 grosse tomate • 1 cuil. à café d'huile d'olive • 1 gousse d'ail • 1 feuille de basilic • 2 cuil. à soupe de boulgour, grain moyen.

Dans une casserole, mettez le boulgour à cuire à feu doux dans 3 fois son volume d'eau. Comptez environ 8 minutes de cuisson. Simultanément, pelez et épépinez la tomate, coupez sa pulpe en petits dés. Vérifiez qu'il ne reste aucune arête sur le filet de rascasse, et mettez-le à cuire doucement avec la pulpe de tomate et la feuille de basilic lavée et finement ciselée. Comptez 10 minutes de cuisson à feu doux dans une casserole couverte. Servez le boulgour avec le poisson dans sa sauce tomate au basilic et ajoutez l'huile d'olive.

RIZ-CAROTTE AU POULET

Pour 1 portion – Préparation : 15 min – Cuisson : 20 min

30 g de blanc de poulet • 30 g de riz • 1 grosse carotte • 1 petit morceau de beurre • 2 cuil. à soupe de jus d'orange

Coupez le poulet en petits morceaux. Pelez et râpez la carotte. Faites dorer le poulet. Ajoutez-y le riz, la carotte râpée et 25 cl d'eau. Portez le tout à ébullition, puis laissez cuire à feu doux pendant 20 minutes. Égouttez et versez le tout dans une assiette creuse, mélangez avec le beurre et le jus d'orange. Servez à Bébé.

ROULÉ D'AUBERGINE FARCIE

Pour 1 portion – Préparation : 15 min – Cuisson : 20 min

1 tranche d'aubergine grillée surgelée • 2 tomates mûres • 1 feuille de basilic • 1 petite gousse d'ail • 1 tranche de mozzarella • 1 petite tranche de pain rassis • 1 filet d'huile d'olive • 2 pincées d'origan

Laissez décongeler la tranche d'aubergine grillée à température ambiante. Plongez les tomates 1 minute dans de l'eau bouillante, puis pelez-les et ôtez pépins et pédoncule. Coupez la pulpe en morceaux et mettez-la dans une petite casserole avec la gousse d'ail épluchée et pressée et l'origan. Couvrez, laissez cuire à feu moyen 5 minutes puis découvrez et laissez réduire encore 5 minutes. Préchauffez le four à 180 °C (th. 6).

Épongez entre la tranche d'aubergine décongelée deux papiers absorbants. Farcissez-la de tomates cuites, saupoudrez de pain rassis réduit en grosse chapelure, ajoutez la feuille de basilic et la tranche de mozzarelle puis roulez la tranche d'aubergine comme un gros cigare, et mettez-la dans un ramequin de taille adéquate. Réchauffez au four pendant 10 minutes, arrosez d'huile d'olive juste avant de servir.

ROULÉ DE SOLE FARCI

Pour 1 portion – Préparation : 15 min – Cuisson : 20 min

1 filet de sole de 40 g • 1 crevette rose • 25 cl de fumet de poisson • 1 carotte • 1 noisette de beurre • 1 blanc d'œuf • sel

Préchauffez le four à 180 °C (th. 6).

Lavez et épluchez la carotte. Coupez-la en petits morceaux. Faites-les cuire 10 minutes dans de l'eau bouillante salée. Réduisez-la en purée, incorporez le beurre, puis le blanc d'œuf. Mélangez. Laissez refroidir. Étalez cette purée sur le filet de sole. Placez dessus la crevette décortiquée. Enroulez le filet. Maintenez-le fermé avec une pique en bois. Versez le fumet de poisson dans un plat allant au four et déposez le filet. Recouvrez le plat avec une feuille de papier d'aluminium. Faites cuire au four 8 minutes environ.

Notre conseil : *servez ce roulé avec une sauce à la tomate.*

SALADE COMPOSÉE

Pour 2 portions – Préparation : 15 min

3 carottes • 1 navet nouveau • 200 g de champignons de Paris • 1 pomme • 5 radis • 1 tronçon de concombre de 5 cm environ • quelques gouttes de jus de citron • 2 cuil. à soupe de fromage blanc à 40 % de MG • 1 cuil. à soupe de cerfeuil haché

Lavez puis épluchez les carottes et le navet. Coupez le pied terreux des champignons. Pelez-les. Évidez la pomme. Rincez les radis, coupez leurs fanes. Lavez, essuyez le concombre, coupez-le en deux, retirez les graines. Râpez carottes, navet, champignons, concombre et pomme en julienne et mélangez le tout dans un récipient. Arrosez de jus de citron. Ajoutez le fromage blanc puis le cerfeuil haché. Mélangez à nouveau. Servez.

Notre conseil : *consommez rapidement les produits râpés après préparation afin d'éviter la déperdition de leurs vitamines. Les fruits et les légumes conservent ainsi tout leur arôme.*

SALADE TOMATE ET COURGETTE CRUE AU CHÈVRE

Pour 1 portion – Préparation : 15 min

1 petite tomate • 1 petit morceau de courgette de 3 cm • 1 cuil. à café de chèvre frais type crottin • quelques gouttes d'huile d'olive

Ôtez le pédoncule de la tomate, puis plongez-la 30 secondes dans de l'eau bouillante. Égouttez et pelez-la avant de la couper en quatre, ôtez les pépins. Frottez la peau du morceau de courgette en le passant sous l'eau. Râpez finement la courgette et coupez en très petits morceaux les quartiers de tomate épépinés. Écrasez finement à la fourchette le morceau de crottin frais. Mélangez les légumes, l'huile d'olive et le fromage de chèvre. Servez à température ambiante.

SARDINES AU RIZ

Pour 1 portion – Préparation : 15 min – Cuisson : 20 min

30 g de riz blanc • 2 tomates • 2 cuil. à soupe d'huile d'olive • 2 sardines en conserve • 1 oignon • 1 petite gousse d'ail • ½ cube de bouillon de légumes

Faites cuire le riz. Pelez l'oignon, l'ail et les tomates, puis émincez-les.

Faites chauffer l'huile dans une marmite, mettez l'oignon, les tomates, l'ail, laissez mijoter en remuant de temps en temps pendant 10 minutes, ajoutez les sardines et 1 verre d'eau, le cube de bouillon, couvrez et laissez cuire 10 minutes supplémentaires. Servez avec le riz.

SAUCISSE À LA TOMATE

Pour 1 portion – Préparation : 10 min – Cuisson : 20 min

1 saucisse de volaille • 1 tomate • ¼ d'oignon • 1 cuil. à café d'herbes de Provence • 1 cuil. à soupe d'huile d'olive • sel

Faire revenir l'oignon dans une cocotte légèrement huilée. Ajoutez la saucisse et faites-la revenir de tous les côtés.

Coupez la tomate en 4 morceaux et ajoutez-les à la saucisse. Salez peu et ajoutez les herbes de Provence. Couvrez et laissez cuire à feu doux 10 à 15 minutes environ.

Notre conseil : *servez avec du riz blanc ou des pâtes.*

SAUMON ET SA SALADE CUITE

Pour 1 portion – Préparation : 15 min – Cuisson : 30 min

30 g de filet de saumon • ½ laitue • 1 noisette de beurre • 1 cuil. à café de crème fraîche • quelques gouttes de jus de citron • poivre

Lavez le cœur bien jaune d'1 laitue très fraîche. Émincez les feuilles avec leurs côtes le plus finement possible. Dans une casserole, faites fondre la laitue à feu moyen. Quand elle est fondue, égouttez-la, puis remettez-la dans la casserole avec le beurre et la crème. Laissez réduire encore, sans couvrir. Poivrez très peu. Préchauffez le four à 220 °C (th. 7).

Simultanément, mettez le filet de saumon (sans arêtes) dans un rectangle de papier aluminium et ajoutez quelques gouttes de jus de citron. Refermez bien hermétiquement la papillote.

Enfournez 15 minutes environ. Servez le saumon émietté avec sa salade cuite.

SEMOULE ET JAMBON SUR FOND D'ARTICHAUT

Pour 1 portion – Préparation : 15 min – Cuisson : 15 min

30 g de semoule • 30 g de jambon maigre • 1 petit fond d'artichaut surgelé • 1 cuil. à café d'huile d'olive

Faites cuire le fond d'artichaut à l'eau bouillante pendant 15 minutes. Égouttez-le et coupez-le en petits morceaux. Coupez finement le jambon. Faites gonfler la semoule dans de l'eau bouillante. Lorsque la semoule est tendre, ajoutez l'huile d'olive, puis mélangez avec le jambon et le fond d'artichaut. C'est prêt !

TABOULÉ DES PETITS

Pour 1 portion – Préparation : 15 min – Cuisson : 20 min

15 g de boulgour (ou de semoule) • 1 petite tomate (80 g) • 1 feuille de menthe • 1 cuil. à soupe d'huile d'olive

Faites gonfler la semoule ou le boulgour dans de l'eau bouillante.

Plongez la tomate 30 secondes dans de l'eau bouillante. Dès que la peau commence à se décoller, plongez la tomate dans de l'eau froide, puis pelez-la. Coupez-la en petits dés en conservant le jus (ôtez les pépins). Ciselez très finement la feuille de menthe.

Mélangez les morceaux de feuille de menthe, les dés de tomate et le jus de tomate à la semoule ou au boulgour bien cuit (le jus permet à la semoule d'être humide). Enfin, incorporez l'huile d'olive.

TABOULÉ ÉGYPTIEN

Pour 1 portion – Préparation : 15 min – Cuisson : 15 min

40 g de semoule de blé dur bien cuite • 20 g de courgette • 20 g d'aubergine • 1 petite tomate • 1 cuil. à soupe de yaourt • 1 petite feuille de menthe • 1 cuil. à soupe d'huile d'olive • ¼ de gousse d'ail

Épluchez courgette et aubergine, coupez-les en petits dés puis faites-les revenir dans l'huile d'olive. Lorsqu'elles sont dorées, couvrez et faites cuire à feu doux pendant 15 minutes. Laissez refroidir, puis mélangez-les à la semoule.

Plongez la tomate 30 secondes dans de l'eau bouillante. Dès que la peau commence à se décoller, plongez-la dans de l'eau froide, puis pelez-la. Épépinez-la et mixez-la.

Ajoutez à la tomate mixée le yaourt, l'ail haché et la menthe finement ciselée.

Mélangez cette sauce à la préparation semoule-légumes.

TARTINE AU CAVIAR D'AUBERGINE ET JAMBON

Pour 1 portion – Préparation : 15 min – Cuisson : 30 min

½ tranche de jambon blanc • ¼ d'aubergine (50 g) • ⅓ de courgette (40 g) • ¼ d'oignon (10 g) • ½ gousse d'ail • 1 cuil. à café de crème fraîche • 1 tranche de pain de mie moelleux • huile d'olive

Pelez et hachez l'ail et l'oignon. Faites-les revenir dans un peu d'huile d'olive.

Épluchez les morceaux de courgette et d'aubergine. Coupez-les en dés et faites-les cuire à l'étouffée avec l'ail et l'oignon pendant 30 minutes.

Mixez les légumes et le jambon. Ajoutez la crème fraîche. Laissez refroidir et étalez sur le pain de mie moelleux.

TOAST D'ÉPINARDS À LA CRÈME, JAMBON POÊLÉ

Pour 1 portion – Préparation : 15 min – Cuisson : 10 min

200 g d'épinards • 1 petite tranche de jambon à l'os • 1 cuil. à soupe de crème fraîche • 1 grosse pincée de sucre • 1 tranche de pain de mie

Équeutez soigneusement les feuilles d'épinards en les pliant en deux le long de la nervure. Lavez-les puis mettez-les à suer sans matière grasse à feu doux dans une petite poêle ou une casserole. Remuez à l'aide d'une cuillère en bois, ne laissez pas accrocher. Quand les épinards ont rendu leur eau et qu'ils commencent à sécher, ajoutez la crème et le sucre, et laissez encore cuire à feu très doux pendant 5 minutes.

Dégraissez entièrement le jambon et coupez-le en petites lanières. Faites chauffer à feu vif une poêle antiadhésive. Lorsque celle-ci est bien chaude, faites revenir le jambon quelques minutes, jusqu'à ce qu'il soit légèrement doré. Simultanément, mettez à toaster légèrement le pain de mie. Disposez les épinards à la crème sur la tranche de pain de mie, parsemez de jambon et laissez légèrement tiédir avant de servir.

TOAST DE PIPERADE

Pour 1 portion – Préparation : 15 min – Cuisson : 25 min

¼ de poivron rouge • 1 tomate • 1 petit oignon blanc avec sa tige verte • 1 cuil. à soupe d'huile d'olive • 1 œuf extra-frais • 1 tranche de pain de mie • 1 pincée de paprika doux

Plongez la tomate 30 secondes dans de l'eau bouillante, puis retirez sa peau. Épépinez-la avant de la couper en petits morceaux. Lavez et épépinez le morceau de poivron, puis râpez-le grossièrement. Lavez l'oignon et sa tige, émincez le tout très finement. Dans une petite poêle, versez l'huile d'olive et faites mijoter à feu doux oignon, poivron et tomate avec le paprika pendant 20 minutes. Battez l'œuf en omelette et versez-le sur les légumes, laissez cuire encore 5 minutes en remuant de temps en temps. Toastez légèrement la tranche de pain de mie après avoir retiré la croûte. Servez la piperade sur son toast, coupé en petites bouchées.

TOMATE FOURRÉE AUX CAROTTES

Pour 1 portion – Préparation : 15 min – Cuisson : 20 min

1 tomate • 1 œuf dur • 1 cuil. à soupe de carottes râpées • 1 cuil. à café d'huile d'olive • 1 cuil. à café de persil haché • 4 gouttes de jus de citron • sel - poivre

Ébouillantez la tomate et épluchez-la. Coupez la base de la tomate pour qu'elle soit stable. Évidez-la avec une petite cuillère. Mettez la chair dans un bol et écrasez-la à l'aide d'une fourchette. Écrasez également l'œuf dur. Mélangez carottes, chair de tomate, œuf dur et persil. Ajoutez le jus de citron, l'huile, salez, poivrez puis mélangez. Remplissez la tomate évidée de cette préparation.

TORTILLA DE BŒUF HACHÉ À LA RATATOUILLE

Pour 1 portion – Préparation : 15 min – Cuisson : 20 min

1 tortilla • 30 g de bœuf haché (5 % de MG) • 1 courgette • ⅓ d'aubergine • ½ poivron rouge • 1 tomate • 1 oignon blanc frais • 1 brin de thym frais • huile d'olive

Frottez la peau de la courgette sous l'eau. Lavez aussi l'aubergine, la tomate, le poivron, l'oignon et le thym. Coupez en petits dés courgette, aubergine et poivron. Plongez la tomate dans de l'eau bouillante, puis pelez-la avant de l'épépiner et de la couper en petits morceaux. Hachez finement l'oignon, effeuillez le thym. Dans une casserole, mettez tous ces ingrédients à cuire à feu moyen doux avec la viande de bœuf hachée. Couvrez et laissez cuire jusqu'à ce que tous les légumes soient fondants (comptez 15 à 20 minutes).

Faites chauffer la tortilla à la vapeur (ou au micro-ondes), puis farcissez-la de ratatouille au bœuf. Versez l'huile d'olive avant de la rouler et de la couper en petits morceaux.

TRANCHE DE GIGOT ET FLAGEOLETS-CAROTTES

Pour 1 portion – Préparation : 15 min – Cuisson : 55 min

30 g de tranche de gigot non grasse • 1 poignée de flageolets • 1 belle carotte • 1 branche de thym • 1 petit oignon blanc avec sa tige • 1 cuil. à café d'huile d'olive

Lavez la branche de thym et l'oignon avec sa tige. Épluchez et coupez en dés la carotte. Mettez le tout dans une casserole avec les haricots. Couvrez d'eau, portez à ébullition, puis laissez mijoter à feu doux 45 minutes, en vérifiant régulièrement que les haricots ont assez d'eau. Au besoin, ajoutez un peu d'eau bouillante. Lorsque les haricots sont tendres, ajoutez le morceau de gigot et laissez cuire encore 10 minutes. Coupez la viande en petits morceaux et écrasez les flageolets et les carottes avec un peu d'eau de cuisson et l'huile d'olive. Retirez le thym. Servez.

RECETTES SUCRÉES

CHEESECAKE

Pour 8 pers. – Préparation : 15 min – Cuisson : 55 min – Réfrigération : 30 min

250 g de biscuits secs émiettés • 100 g de beurre fondu • 500 g de fromage blanc type faisselle • 120 g de sucre en poudre • 1 sachet de sucre vanillé • 2 cuil. à soupe de farine • 3 œufs • 12,5 cl de crème fraîche • 100 ml de lait de croissance • 1 pincée de cannelle en poudre

Préchauffez le four à 180 °C (th. 6).

Tapissez un moule à manqué de papier sulfurisé beurré. Laissez dépasser le papier de chaque côté du moule car il vous servira à démouler le gâteau.

Passez les biscuits au mixeur pour obtenir une poudre, mélangez-les au beurre fondu, puis tapissez le fond du moule de cette préparation. Tassez bien à l'aide d'une petite cuillère. Faites cuire 5 minutes au four puis réservez.

Dans un saladier, battez le fromage blanc puis ajoutez les sucres, la farine et la cannelle. Incorporez les œufs entiers un à un, puis la crème fraîche et le lait de croissance. Versez cette préparation sur le fond de biscuits et enfournez 45 à 50 minutes jusqu'à ce que le gâteau soit ferme. Laissez refroidir avant de démouler et servez frais.

CHOUQUETTES AUX FRUITS

Pour 3 chouquettes – Préparation : 15 min – Cuisson : 10 min

3 chouquettes • 1 quartier de pomme • 1 quartier de brugnon • 2 tranches de kiwi • 2 tranches de banane • ½ cuil. à café de sucre vanillé • 1 pincée de cannelle

Coupez tous les fruits en petits morceaux. Placez-les dans une casserole. Ajoutez 2 cuillerées à soupe d'eau, le sucre vanillé et la cannelle. Faites cuire sur feu doux 10 minutes. Laissez refroidir à température ambiante. Écrasez l'ensemble en purée. Faites une petite entaille dans les chouquettes à l'aide de la pointe d'un couteau. Remplissez-les de compote de fruits et servez.

Variante : *vous pouvez remplacer la pomme par de la poire et ajouter de l'abricot ou des fruits rouges. Vous pouvez aussi parsemer la compote de quelques pépites de chocolat noir.*

DOUCEUR AU CHOCOLAT

Pour 4 pers. – Préparation : 15 min – Cuisson : 12 min

100 g de chocolat dessert • 50 g de mascarpone • 5-6 biscuits type macarons • 2 petits œufs • 35 g de farine • 15 g de sucre en poudre • 100 ml de lait de croissance

Préchauffez le four à 190 °C (th. 6-7).

Faites fondre le chocolat au micro-ondes ou au bain-marie puis ajoutez le mascarpone. Mélangez bien. Incorporez la farine, les œufs, le sucre et mélangez.

Trempez les biscuits dans le lait, écrasez-les et déposez-les au fond d'un moule préalablement beurré.

Versez la préparation dessus et faites cuire pendant 12 minutes.

FLAN À L'ANANAS

Pour 4 à 6 pers. – Préparation : 20 min – Cuisson : 45 min

1 pâte brisée • 4 œufs • 1 l de lait de croissance • 90 g de sucre en poudre • 90 g de fécule de maïs • ½ ananas • 1 gousse de vanille

Préchauffez le four à 180 °C (th. 6).

Faites bouillir le lait de croissance avec la gousse de vanille fendue dans le sens de la longueur.

Mélangez la fécule de maïs avec le sucre et incorporez les œufs préalablement battus. Ôtez la gousse de vanille puis ajoutez le lait de croissance à la préparation.

Récupérez la chair de l'ananas, mixez-la et incorporez-la au mélange précédent. Versez dans une grande casserole. Faites cuire à feu doux pendant 1 à 2 minutes.

Étalez la pâte brisée dans un plat à tarte et versez dessus la préparation. Enfournez pour 30 à 40 minutes. Laissez refroidir avant de servir.

GALETTE DES ROIS

Pour 1 portion – Préparation : 20 min – Cuisson : 20 min

2 pâtes feuilletées prêtes à dérouler • 75 g de beurre ramolli • 125 g de sucre en poudre • 125 g de poudre d'amandes • 2 œufs + 1 jaune • 1 cuil. à café de lait • 1 fève ou 1 figurine

Préparez la crème frangipane : mélangez le beurre, le sucre, ajoutez la poudre d'amandes et les œufs, battez jusqu'à obtention d'une crème épaisse et homogène. Beurrez un moule à tarte, déroulez-y une des pâtes feuilletées en la laissant dépasser hors du moule et en la piquant avec une fourchette. Étalez la crème frangipane dans le moule en prenant soin de bien cacher la fève à l'intérieur. Préchauffez le four à 220 °C (th. 7-8).

Découpez un disque du diamètre du moule dans la deuxième pâte feuilletée et recouvrez la tarte. Rabattez les bords de la première pâte sur le dessus afin que la galette soit bien refermée. Piquez le dessus de la galette à 2 ou 3 endroits avec un couteau. Faites de jolis décors avec le reste de pâte. Battez le jaune d'œuf avec le lait et badigeonnez-en la galette à l'aide d'un pinceau de cuisine. Enfournez pour 20 minutes environ. Servez tiède. N'oubliez pas la couronne !

Notre conseil : *choisissez 1 fève bien grosse pour que Bébé ne puisse pas l'avaler.*

ÎLES FLOTTANTES

Pour 4 pers. – Préparation : 15 min – Cuisson : 20 min

4 œufs • 50 cl de lait demi-écrémé • 100 g de sucre en poudre • 1 sachet de sucre vanillé • 1 pincée de sel • caramel liquide

Dans une casserole, faites bouillir le lait avec le sucre vanillé, puis réservez-le. Séparez les blancs des jaunes d'œufs. Dans un saladier, fouettez les jaunes d'œufs avec la totalité du sucre jusqu'à ce que la préparation mousse légèrement et blanchisse. Ajoutez alors petit à petit le lait bouillant. Reversez le tout dans la casserole et laissez épaissir à feu très doux, sans cesser de remuer avec une cuillère en bois et en évitant l'ébullition (sinon la crème tourne). Il faut que la crème nappe la cuillère. Ôtez du feu et laissez refroidir.

Dans une grande casserole, portez de l'eau à frémissement. Pendant ce temps, fouettez les blancs d'œufs avec le sel en neige très ferme. Déposez ensuite des boules de blancs en neige dans l'eau frémissante à l'aide d'une passoire. Attention, attendez juste quelques secondes, puis tournez-les pour qu'ils cuisent de l'autre côté (l'opération ne doit pas durer plus de 10 secondes en tout !). Égouttez-les bien dans une passoire, et réservez-les, puis renouvelez l'opération jusqu'à épuisement des blancs.

Juste avant de servir, quand la crème est bien froide, versez-la dans un plat creux, posez délicatement les blancs en neige par-dessus. Vous pouvez verser par-dessus du caramel liquide, c'est un régal !

PANCAKES AU SIROP D'ÉRABLE

Pour 8 pancakes – Préparation : 15 min – Repos : 1 h – Cuisson : 20 min

250 g de farine • 30 g de sucre • 2 œufs • 1 sachet de levure traditionnelle • 65 g de beurre • 1 pincée de sel • 300 ml de lait de croissance • sirop d'érable • huile de tournesol

Mélangez la farine, la levure et le sucre dans un saladier. Incorporez ensuite les œufs entiers, puis le beurre fondu, et délayez progressivement le mélange avec le lait afin d'éviter les grumeaux. Laissez reposer au minimum 1 heure au réfrigérateur.

Faites chauffer une poêle préalablement huilée à l'aide de papier absorbant. Versez-y une petite louche de pâte sans étaler. Retournez le pancake pour cuire le second côté. Servez un pancake tiède, coupé en petits morceaux et arrosé d'un filet de sirop d'érable à votre enfant.

Notre conseil : *utilisez plusieurs poêles à blinis pour aller plus vite.*

PANIER DE MANDARINES, CRÈME AU CHOCOLAT BLANC

4 paniers – Préparation : 30 min – Cuisson : 10 min

4 mandarines • 100 g de chocolat blanc • 60 g de sucre en poudre • 4 cuil. à soupe de crème fraîche

Faites fondre le chocolat blanc sur feu très doux dans une petite casserole à fond antiadhésif avec le sucre et 2 cuillerées à soupe d'eau pendant 10 minutes environ. Mettez de côté et laissez refroidir.

Découpez la peau des mandarines de façon à obtenir un petit bol (comme si vous lui ôtiez son chapeau), et en prenant soin de ne pas abîmer les quartiers. Videz entièrement les mandarines sans jamais déchirer la peau. Fouettez légèrement la crème fraîche et mélangez-la aux quartiers de mandarines coupés en deux, dans le chocolat fondu. Enfin, transvasez délicatement cette crème onctueuse dans les petits paniers que forme la peau des mandarines. Servez frais.

MINI MONT-BLANC

Pour 1 portion – Préparation : 20 min – Cuisson : 55 min

4 grosses châtaignes • 250 ml de lait • 1 cuil. à soupe bombée de faisselle • 1 cuil. à café de sucre vanillé

Incisez les châtaignes côté bombé à l'aide d'un couteau bien tranchant et fendez l'écorce horizontalement. Faites bouillir les châtaignes 10 minutes dans l'eau, puis égouttez-les. Ôtez l'écorce. Mettez à cuire les châtaignes dans le lait, comptez 45 minutes à petits bouillons. Égouttez-les, puis passez-les au moulin à légumes muni d'une grille fine, laissez refroidir. Mélangez la purée de châtaignes avec la faisselle et le sucre vanillé. Passez une nouvelle fois au moulin à légumes et servez.

Notre conseil : *côté saveur, rien ne vaut des châtaignes fraîches, mais on peut réaliser ce dessert plus rapidement avec des châtaignes surgelées : il n'y a qu'à les faire cuire.*

MUFFINS AUX CHÂTAIGNES

Pour 6 muffins – Préparation : 15 min – Cuisson : 20 min

150 g de farine • 1 œuf • 10 cl de lait • 60 g de beurre fondu • 100 g de sucre en poudre • ½ sachet de levure chimique • 50 g de châtaignes cuites et épluchées

Préchauffez le four à 180 °C (th. 6).

Fouettez l'œuf et le lait. Ajoutez la farine, la levure, le sucre en poudre et mélangez bien. Incorporez le beurre fondu et mélangez à nouveau.

Incorporez les châtaignes coupées en petits morceaux et versez la préparation dans des moules à muffins. Remplissez les moules aux 3/4 environ. Faites cuire 20 minutes au four. Attendez 5 minutes avant de démouler les muffins et de les déposer sur une grille.

MUFFINS AUX MYRTILLES

Pour 6 muffins – Préparation : 15 min – Cuisson : 20 min

150 g de farine • ½ sachet de levure chimique • 100 g de sucre roux • 10 cl de lait demi-écrémé • 1 œuf • 25 g de beurre • 125 g de myrtilles • 1 pincée de sel

Préchauffez le four à 180 °C (th. 6).

Dans un saladier, versez la farine, la levure, le sel et le sucre. Faites un puits. Battez dans un bol l'œuf, le lait et le beurre fondu. Versez cette préparation au centre du puits. Mélangez bien. Remplissez le moule à muffins à la moitié. Ajoutez les myrtilles. Recouvrez avec le reste de pâte. Faites cuire 20 minutes environ. Attendez 5 minutes puis démoulez les muffins encore chauds sur une grille.

Une variante : *vous pouvez aussi réaliser cette recette avec des cassis ou des groseilles.*

PÊCHE EN CHAUSSON

Pour 1 portion – Préparation : 20 min – Repos : 30 min – Cuisson : 10 min

50 g de farine • 25 g de beurre ramolli • 10 g de sucre de canne • 2 pincées de cannelle en poudre • 1 pêche jaune mûre et bien sucrée • un peu de lait

Mélangez (en pétrissant le moins possible) la farine, le sucre, la cannelle et le beurre ramolli, formez une boule. Laissez reposer la pâte 30 minutes au réfrigérateur, entourée d'un film plastique.

Préchauffez le four à 180 °C (th. 6). Saupoudrez de farine le plan de travail, puis étalez la pâte assez fine au rouleau. Avec un emporte-pièce ou un verre, découpez autant de ronds que possible dans la pâte (de quoi faire 2-3 chaussons). Épluchez la pêche, coupez-la en deux, retirez le noyau et détaillez-la en morceaux. Déposez un morceau de pêche au centre de chaque rond de pâte, fermez le chausson en pressant bien les bords, passez un peu de lait au pinceau sur le dessus. Piquez la pâte pour faire une cheminée et mettez à cuire à four chaud 10 minutes sur du papier cuisson.

Notre conseil : *servez ces chaussons tièdes accompagnés de fromage blanc.*

PUDDING À LA VANILLE

Pour 4 portions – Préparation : 15 min – Cuisson : 20 min

2 tranches de pain de mie • 2 œufs • 30 cl de lait demi-écrémé • 1 cuil. à soupe de sucre vanillé • 2 noisettes de beurre doux

Beurrez très légèrement les tranches de pain de mie après avoir ôté la croûte. Coupez-les en petits carrés et répartissez-les dans 4 ramequins préalablement beurrés. Faites chauffer le four à 180 °C (th. 6). Battez au fouet le lait avec les œufs et le sucre vanillé. Répartissez cette préparation dans les ramequins, sur le pain. Faites cuire environ 20 minutes au bain-marie jusqu'à ce que le pudding soit pris. Servez tiède ou frais.

RIZ AU LAIT ET COULIS DE FRAMBOISES

Pour 2 portions – Préparation : 15 min – Cuisson : 25 min – Réfrigération : 30 min

2 cuil. à soupe bombées de riz rond • 30 cl de lait • ½ cuil. à café de sucre de canne • 1 cuil. à café d'eau de fleur d'oranger • 20 framboises bien mûres

Faites cuire à feu très doux le riz, après avoir pris soin de le rincer, avec le sucre de canne et le lait. Couvrez, attendez que le riz ait absorbé tout le lait, laissez refroidir avant d'ajouter l'eau de fleur d'oranger. Passez très rapidement les framboises sous l'eau, égouttez puis séchez-les entre deux papiers absorbants avant de les mixer en purée. Passez la purée obtenue au chinois ou à la passoire fine pour obtenir un coulis débarrassé de ses petits grains. Mettez riz au lait et coulis au frais pendant 30 minutes.

À partir de 24 mois

RECETTES SALÉES

AVOCAT AUX CREVETTES

Pour 1 portion – Préparation : 15 min

10 crevettes roses décortiquées • ½ avocat bien mûr • ½ citron • 1 cuil. à café de jus de citron • 1 cuil. à café de crème fraîche • 1 cuil. à soupe de ketchup • sel

Émincez le citron en très fines tranches en gardant le jus de la découpe. Coupez chaque tranche en deux et enlevez les pépins. Pelez l'avocat. Réduisez la chair en purée, salez légèrement. Mélangez à la chair de l'avocat le jus de citron et la crème fraîche en battant à la fourchette. Placez cette purée sur une assiette en lui donnant une forme ronde. Entourez la purée d'un cordon de ketchup. Disposez les crevettes et les tranches de citron dans la purée d'avocat.

BEIGNETS DE LÉGUMES

Pour 2 portions – Préparation : 30 min – Cuisson : 35 min

2 carottes • 1 courgette • 1 pomme de terre • 4 bouquets de chou-fleur • 1 œuf • 50 g de farine • 60 g de fromage râpé • 4 cuil. à soupe d'huile • sel

Pelez les carottes et la pomme de terre. Lavez-les ainsi que la courgette. Coupez-les en morceaux. Faites cuire tous les légumes à la vapeur pendant 20 minutes. Écrasez-les avec environ 50 g de fromage râpé et un peu de sel. Dans un bol, battez l'œuf avec le reste de fromage. Mettez la farine dans une assiette creuse. Formez des boulettes de légumes et aplatissez-les entre les mains. Enrobez-les de farine et trempez-les dans l'œuf battu. Faites-les cuire dans une poêle très chaude avec l'huile.

BROCHETTES DE BŒUF AU GRUYÈRE

Pour 1 portion – Préparation : 10 min – Cuisson : 5 min

30 g de viande de bœuf • 20 g de comté

Émincez la viande en tranches très fines. Coupez le fromage en bâtonnets. Enveloppez-les d'1 tranche de viande. Enfilez-les sur des piques en bois. Faites-les griller 5 minutes sous le gril du four en les retournant à mi-cuisson. Servez aussitôt.

Notre conseil : *vous pouvez accompagner ces brochettes de riz.*

CHAMPIGNONS À L'ŒUF

Pour 1 portion – Préparation : 15 min – Cuisson : 30 min

1 œuf • 1 noisette de beurre • 50 g de champignons • 10 cl de lait demi-écrémé • 1 pincée de sel

Préchauffez le four à 180 °C (th. 6).

Nettoyez soigneusement les champignons. Faites-les suer dans une poêle pendant 10 minutes puis hachez-les. Battez l'œuf en omelette. Salez. Ajoutez les champignons et le lait. Versez dans un ramequin légèrement beurré. Faites cuire 20 minutes au four au bain-marie.

CLAFOUTIS AUX TOMATES CERISE

Pour 4 portions – Préparation : 10 min – Cuisson : 35 min

4 œufs • 30 cl de lait demi-écrémé • 3 cuil. à soupe de farine • 50 g d'emmental râpé • 200 g de tomates cerise • 1 cuil. à café d'herbes de Provence • sel - poivre

Préchauffez le four à 190 °C (th. 6-7).

Mélangez la farine avec le lait, le fromage, les herbes, un peu de sel et de poivre. Versez dans 4 ramequins à bord haut, répartissez les tomates cerise préalablement lavées et essuyées. Faites cuire au four pendant 30 à 35 minutes.

Notre conseil : *l'apport en protéines du repas est en partie assuré par les œufs, le lait et le fromage de ce plat.*

COURGETTE FARCIE

Pour 1 portion – Préparation : 15 min – Cuisson : 50 min

1 courgette • 30 g de viande hachée • 10 g de beurre • 1 pincée de sel • 1 pincée de paprika

Préchauffez le four à 210 °C (th. 7).

Beurrez un petit plat à four. Lavez la courgette et coupez-la dans le sens de la longueur. Enlevez la chair avec une petite cuillère en prenant soin de ne pas percer la peau. Mélangez dans un bol la chair de courgette, la viande hachée, le sel et le paprika afin d'obtenir une farce homogène. Farcissez la courgette évidée puis déposez-la dans le plat à four. Faites cuire 50 minutes au four.

ÉPINARDS À LA CRÈME

Pour 1 portion – Préparation : 10 min – Cuisson : 30 min

180 g d'épinards • 2 cuil. à soupe de crème fraîche • quelques gouttes de jus de citron • noix de muscade

Épluchez et lavez les épinards. Faites-les cuire à la vapeur 20 minutes. Hachez-les. Ajoutez 1 pincée de noix de muscade et quelques gouttes de jus de citron. Remettez à cuire en incorporant doucement la crème. Retirez du feu dès les premiers bouillons.

FILET DE BŒUF AU MIEL

Pour 1 portion – Préparation : 15 min – Cuisson : 40 min

30 g de filet de bœuf • 1 cuil. à soupe de miel • ½ oignon • ½ gousse d'ail • 1 branche de persil plat • 1 cuil. à café d'huile de tournesol

Coupez le bœuf en petits morceaux et faites-le dorer dans l'huile avec l'oignon finement haché. Ajoutez l'ail finement haché.

Ajoutez 10 cl d'eau afin de récupérer tous les sucs de cuisson. Laissez mijoter 30 à 35 minutes. Ajoutez le miel et le persil finement haché. Mélangez délicatement, ajoutez de l'eau si besoin. Laissez encore cuire 2 à 3 minutes.

Notre conseil : *servez ce plat avec une portion de riz bien cuit.*

FILET D'AIGLEFIN EN GRATIN

Pour 1 portion – Préparation : 10 min – Cuisson : 15 min

30 g de filet d'aiglefin • 100 g de fromage blanc à 20 % de MG • 1 noisette de beurre • 1 œuf • 15 g de gruyère râpé • noix de muscade • sel

Préchauffez le four à 210 °C (th. 7).

Séparez le blanc du jaune d'œuf. Battez le fromage blanc avec le jaune d'œuf, le gruyère, un peu de sel et de la noix de muscade. Montez le blanc d'œuf en neige et incorporez-le au mélange. Dans un plat à soufflé beurré, versez la moitié de la préparation, déposez le filet de poisson et recouvrez avec le reste de préparation. Faites cuire à four chaud pendant 15 minutes. Servez modérément chaud.

GALETTES AUX LÉGUMES

Pour 1 portion – Préparation : 10 min – Cuisson : 10 min

1 cuil. à café de fécule de pomme de terre • 2 cuil. à soupe de lait • 1 tronçon de courgette de 7 cm environ (ou la partie vert clair d'un poireau, ou 200 g d'épinards crus) • 1 cuil. à café d'huile d'olive • 1 pincée de sel

Dans un saladier, délayez la fécule avec le lait. Ajoutez le légume de votre choix, lavé, émincé ou râpé. Salez. Déposez au centre d'une poêle légèrement huilée des petits tas de cette préparation. Aplatissez-les avec le dos d'une cuillère. Laissez cuire 4 minutes environ de chaque côté en les retournant avec une spatule.

Notre conseil : *équeutez les épinards après leur lavage, ils conserveront ainsi toute leur saveur et ne se gorgeront pas d'eau.*

GALETTE DE POMME DE TERRE, JAMBON ET MOZZA

Pour 1 portion – Préparation : 15 min – Cuisson : 30 min

1 cuil. à café de farine • 1 grosse pomme de terre • 1 cuil. à café d'huile d'olive • 1 petit oignon blanc frais • 15 g de jambon maigre • 15 g de mozzarella • 1 pincée d'origan

Plongez la tomate 30 secondes dans de l'eau bouillante, puis pelez-la, coupez-la en morceaux et ôtez les pépins. Détaillez la pulpe en petits dés, mettez-les à cuire pendant 10 minutes dans une casserole couverte à feu doux, avec l'oignon épluché et finement haché, l'huile d'olive et l'origan. Lavez la pomme de terre et faites-la cuire à la vapeur une vingtaine de minutes jusqu'à ce qu'elle soit tendre à cœur. Épluchez-la et écrasez-la en purée en mélangeant avec la farine.

Préchauffez le four à 250 °C (th. 9). Sur la plaque du four, posez une feuille de papier cuisson. Faites une galette assez fine avec la pomme de terre, un peu comme s'il s'agissait d'une pâte à pizza. Couvrez avec la tomate cuite et son jus de cuisson, ajoutez le jambon et la mozzarelle coupés en très petits morceaux. Passez à four chaud une petite dizaine de minutes. Servez tiède.

GÂTEAU DE LÉGUMES AU POULET

Pour 1 portion – Préparation : 20 min – Cuisson : 15 min

40 g de blanc de poulet • 1 tronçon de courgette de 10 cm environ • 2 pommes de terre • 10 tomates cerise • 6 champignons de Paris • 1 œuf • 2 cuil. à soupe de crème fraîche • 40 g de fromage râpé • 2 cuil. à soupe de cerfeuil ciselé • 10 g de beurre • sel - poivre

Préchauffez le four à 180 °C (th. 6).

Lavez et pelez la pomme de terre, puis râpez-la. Lavez et coupez les champignons en deux. Coupez la courgette en rondelles. Hachez le poulet. Dans un saladier, battez l'œuf, incorporez la crème, le poulet haché, le fromage, le râpé de pomme de terre et le cerfeuil. Assaisonnez. Mélangez. Versez cette préparation dans un moule à tarte individuel beurré. Disposez par-dessus les courgettes, les champignons et les tomates cerise. Faites cuire au four pendant 15 minutes environ.

GRATIN DE BLÉ ET PURÉE DE LÉGUMES

Pour 1 portion – Préparation : 10 min – Cuisson : 10 min

100 g de blé cuit • 100 g de purée de légumes au choix (brocoli, épinards, carottes, chou-fleur…) • 2 cuil. à soupe de lait de croissance • 1 cuil. à soupe de fromage blanc à 20 % de MG • 1 cuil. à soupe de pétales de maïs (type *corn flakes*) • 1 cuil. à soupe de persil haché • 5 g de beurre • 1 pincée de sel

Préchauffez le four à 180 °C (th. 6).

Beurrez un plat allant au four. Intercalez couches de blé légèrement salées et couches de purée de légumes. Nappez de fromage blanc battu avec le lait. Parsemez de la moitié du persil. Saupoudrez le tout des pétales de maïs réduits en chapelure et mélangés au reste de persil. Répartissez sur le dessus quelques copeaux de beurre. Faites dorer pendant 10 minutes au four.

***Variante** : vous pouvez aussi remplacer la semoule de blé par des graines de couscous, des pommes de terre ou bien des petites pâtes.*

GRATIN DE POISSON

Pour 1 portion – Préparation : 15 min – Cuisson : 20 min

40 g de riz cuit • 30 g de filet de poisson (cabillaud, merlan, lieu, limande, sole, flétan, rouget ou merlu) • 4 bouquets de brocoli • 2 cuil. à soupe de sauce tomate • 1 cuil. à soupe de béchamel prête à l'emploi • 20 g de fromage râpé • 15 g de beurre • 1 pincée de sel

Préchauffez le four à 180 °C (th. 6).

Incorporez la sauce tomate au riz. Mélangez. Faites cuire le brocoli dans 25 cl d'eau bouillante salée pendant 5 minutes. Égouttez. Étalez la moitié du riz dans un plat à gratin beurré. Posez dessus le brocoli, le filet de poisson. Recouvrez avec le riz restant et la béchamel. Parsemez de fromage râpé. Ajoutez des noisettes de beurre. Faites cuire au four 15 minutes environ.

Variante : *vous pouvez remplacer les brocolis par des épinards, des carottes ou encore des petits pois.*

HACHÉ DE VEAU ET RIZ AUX ÉPINARDS

Pour 1 portion – Préparation : 15 min – Cuisson : 20 min

40 g d'escalope de veau • 1 poignée d'épinards • 1 cuil. à soupe bombée de riz blanc • 1 pincée de parmesan • 1 cuil. à café de crème fraîche

Lavez soigneusement chaque feuille d'épinard, puis ôtez les queues. Faites bouillir une petite casserole d'eau. À ébullition, plongez le riz et laissez cuire durant 15 minutes, jusqu'à ce qu'il soit très tendre. Égouttez bien. Simultanément, faites bouillir une autre casserole d'eau et plongez-y les épinards et l'escalope de veau. Laissez cuire 5 minutes, puis égouttez soigneusement. Hachez ou coupez le morceau de veau en très petits morceaux ; hachez ou coupez menu les épinards ; écrasez ou mixez le riz. Mélangez le veau au parmesan, le riz aux épinards et ajoutez la crème. Servez ensemble.

LAPIN À LA PURÉE DE PETITS POIS

Pour 1 portion – Préparation : 20 min – Cuisson : 15 min

50 g de chair de lapin désossé • 1 cuil. à soupe de mie de pain • 2 cuil. à soupe de lait demi-écrémé • 1 cuil. à soupe de crème fraîche • 1 œuf • 1 carotte • 200 g de petits pois cuits • 1 cuil. à café de farine • 1 olive dénoyautée • 20 g de beurre • quelques brins de persil • sel

Faites tremper la mie de pain dans 1 cuillerée à soupe de lait. Hachez la chair de lapin. Épluchez la carotte. Faites-la cuire 5 minutes à la vapeur et écrasez-la en purée. Mélangez le lapin, la carotte, la mie de pain, l'œuf entier et 1 pincée de sel pour obtenir une farce homogène ; séparez-la en 2 parties. Donnez à l'une une forme ovale qui fera le corps du lapin pour la présentation du plat et farinez-la. Faites des yeux avec 2 moitiés d'olive, une moustache avec les branches de persil, deux oreilles avec le reste de la farce et placez-les au-dessus de la tête en les farinant.

Préchauffez le four à 150 °C (th. 5). Déposez le lapin reconstitué sur un plat allant au four. Arrosez de beurre fondu et enfournez pour 10 minutes. Préparez une purée de petits pois en les mixant avec le reste de lait et disposez-la autour du lapin.

PAPILLOTE DE VEAU

Pour 1 portion – Préparation : 10 min – Cuisson : 15 min

1 escalope de veau de 50 g • 10 g de beurre • 1 cuil. à café de fines herbes hachées • 1 tranche de fromage Kiri® • huile

Faites cuire dans le beurre l'escalope sur les 2 faces dans une poêle à feu doux pendant 5 minutes. Égouttez le beurre de cuisson et coupez l'escalope en minces lamelles. Préchauffez le four à 210 °C (th. 7). Huilez un morceau rectangulaire de papier d'aluminium. Déposez les lamelles de veau au milieu. Disposez dessus des fines herbes hachées et le morceau de fromage. Fermez hermétiquement papillote et mettez au four pendant 10 minutes. Sortez du four, laissez un peu refroidir avant de servir.

PÂTES À LA CRÈME, OIGNON BLANC ET ROMARIN

Pour 1 portion – Préparation : 10 min – Cuisson : 15 min

50 g de petites pâtes • 1 oignon blanc avec sa tige verte • 3 feuilles de romarin bien tendres • 1 cuil. à soupe de crème fraîche

Pelez et émincez l'oignon. Pilez les feuilles de romarin. Faites chauffer doucement la crème dans une casserole et ajoutez les feuilles de romarin. Laissez infuser. Lavez et émincez finement l'oignon et sa tige verte. Mettez une petite casserole d'eau à bouillir et plongez-y les pâtes ainsi que l'oignon émincé. Ne couvrez pas et laissez cuire le temps indiqué sur le paquet de pâtes, puis égouttez. Mélangez les pâtes et l'oignon à la crème au romarin et servez.

PETITE OMELETTE AUX POINTES D'ASPERGES

Pour 1 portion – Préparation : 10 min – Cuisson : 15 min

1 œuf extra-frais • 5 asperges vertes • 1 feuille de basilic • 1 goutte de jus de citron • 1 goutte d'huile

Lavez les asperges et épluchez 2 cm de tige en partant de la pointe. Faites bouillir une petite casserole d'eau, plongez-y les pointes d'asperge et laissez frémir environ 8 minutes jusqu'à ce que la tige soit bien tendre à la pointe du couteau. Égouttez. Lavez la feuille de basilic et hachez-la très finement au couteau. Battez l'œuf en omelette et versez-le dans une petite poêle à revêtement antiadhésif, que vous aurez légèrement huilée à l'aide d'un papier absorbant imbibé d'huile. Lorsque l'omelette est presque cuite, parsemez-la de basilic et ajoutez les pointes d'asperges écrasées à la fourchette. Repliez l'omelette et ajoutez 1 goutte de jus de citron. Servez-la coupée en petits morceaux.

PORC AUX CAROTTES

Pour 1 portion – Préparation : 20 min – Cuisson : 25 min

50 g de filet de porc • 1 œuf • 1 cuil. à café de farine • 1 cuil. à soupe de riz • 2 carottes • 15 feuilles d'épinards • 20 g de beurre • sel

Épluchez les carottes. Coupez-en de fines lamelles avec un couteau Économe afin de réaliser des rubans. Faites-les cuire 5 minutes à la vapeur. Faites cuire le riz à petits bouillons pendant 15 minutes. Mixez le filet de porc. Lavez et hachez les feuilles d'épinards. Égouttez le riz puis mélangez-le avec la viande, les épinards et l'œuf entier. Ajoutez 1 pincée de sel. Réalisez 2 boulettes avec cette préparation, roulez-les dans la farine et faites-les cuire à la poêle avec le beurre pendant 5 minutes. Servez au milieu de la couronne de carottes.

SANDWICH TOMATE-MOZZARELLA

Pour 1 portion – Préparation : – 10 min

1 tranche de pain de mie moelleux • 1 tranche fine de mozzarella • 1 tomate • 1 filet d'huile d'olive

Plongez la tomate dans de l'eau bouillante. Quand la peau commence à se décoller, placez la tomate dans de l'eau froide. Pelez-la et coupez-la en tranches fines.

Réservez 1 tranche et faites revenir le reste dans l'huile d'olive. Lorsque la tomate est cuite, écrasez-la à la fourchette.

Coupez la tranche de pain de mie en deux dans la diagonale. Nappez les 2 parties de purée de tomate. Déposez la tranche de tomate et la tranche de mozzarella sur un morceau de pain de mie et recouvrez du second morceau.

TARTELETTES AU THON ET À LA RATATOUILLE

Pour 4 tartelettes – Préparation : 10 min – Cuisson : 20 min

1 rouleau de pâte brisée • 4 cuil. à soupe de thon au naturel • 8 cuil. à soupe de ratatouille en boîte • 4 cuil. à café de crème fraîche

Préchauffez le four à 190 °C (th. 6-7).

Foncez de pâte brisée 4 moules à tartelette de forme allongée. Piquez le fond des tartelettes à l'aide d'une fourchette, recouvrez de papier sulfurisé et de billes de cuisson afin que la pâte ne gonfle pas. Faites cuire à blanc 15 minutes. Au sortir du four, répartissez le thon émietté sur la pâte et recouvrez de ratatouille. Déposez au centre 1 noisette de crème fraîche. Repassez au four 5 minutes. Servez.

TARTELETTES AUX ÉPINARDS

Pour 4 tartelettes – Préparation : 15 min – Cuisson : 35 min

1 rouleau de pâte brisée • 400 g d'épinards • 40 g de beurre • 4 œufs • 4 cuil. à soupe de crème fraîche • sel

Préchauffez le four à 210 °C (th. 7).

Lavez les épinards, faites-les blanchir 1 à 2 minutes dans de l'eau bouillante salée. Égouttez-les, hachez-les. Faites-les revenir dans une poêle avec le beurre pendant 5 minutes. Dans un bol, battez les œufs et les 3/4 de la crème fraîche. Ajoutez les épinards hachés. Foncez 4 moules à tartelette de pâte brisée, piquez le fond, versez la préparation aux épinards. Faites cuire au four pendant 25 minutes. Déposez un peu de crème fraîche en forme de sourire sur les tartelettes.

Variante : *vous pouvez également saupoudrer ces tartelettes de fromage râpé et les faire gratiner légèrement.*

TOMATE SURPRISE AU SAUMON

Pour 1 portion – Préparation : 15 min – Cuisson : 5 min

50 g de saumon frais sans peau • 1 tomate • ½ citron • 1 jaune d'œuf • 1 cuil. à café d'huile d'olive • 5 feuilles de laitue • 1 cuil. à soupe de persil haché • sel

Faites cuire le saumon 5 minutes à la vapeur, puis écrasez-le à la fourchette. Ajoutez 1 pincée de sel. Coupez la tomate en deux. Évidez les 2 moitiés et conservez la pulpe. Préparez une sauce en mélangeant le jus de citron, le jaune d'œuf et l'huile. Mélangez le saumon à cette sauce. Remplissez les moitiés de tomate de cette préparation et saupoudrez de persil haché. Écrasez la pulpe des tomates à l'aide d'une fourchette. Ciselez les feuilles de laitue en fines lanières. Entourez les tomates farcies au saumon de laitue et de pulpe de tomate.

RECETTES SUCRÉES

CRUMBLES POMME-POIRE

Pour 4 crumbles – Préparation : 15 min – Cuisson : 15 min

200 g de pommes • 200 g de poires • 40 g de sucre • 40 g de farine • 40 g de beurre + 5 g pour beurrer les plats • quelques gouttes d'essence de vanille

Préchauffez le four à 210 °C (th. 7).

Mélangez la farine, le beurre, le sucre et la vanille jusqu'à ce que la pâte ressemble à du sable.

Lavez, pelez et épépinez les fruits, puis coupez-les en dés.

Beurrez 4 petits plats à four, disposez les fruits, puis recouvrez de pâte à crumble.

Mettez à cuire une quinzaine de minutes. Servez tiède.

PÊCHE MELBA

Pour 1 portion – Préparation : 10 min – Cuisson : 10 min

½ pêche jaune • 1 boule de glace à la vanille • 1 cuil. à café de coulis de fruits rouges • 1 citron

Pelez la pêche. Dans une casserole, versez 50 cl d'eau et le jus du citron. Placez la pêche dans le liquide. Laissez cuire 10 minutes environ. Égouttez-la et laissez refroidir. Versez le coulis sur le fond d'une assiette. Placez la pêche sur une assiette, posez la boule de glace dessus. Servez aussitôt.

Variante *: vous pouvez réaliser de la même façon des abricots Melba, varier le parfum du coulis de fruits, napper le fond de l'assiette de chocolat fondu…*

PETITES CRÊPES À L'ANANAS

Pour 4 crêpes – Préparation : 15 min – Repos : 2 h – Cuisson : 15 min

125 g de farine • 25 cl de lait • 1 œuf • 1 cuil. à café d'huile de tournesol • ¼ d'ananas Victoria bien sucré • 10 g de beurre • sucre de canne

Battez farine, œuf et huile, puis versez peu à peu le lait. Continuez de battre au fouet jusqu'à disparition des grumeaux. Laissez la pâte reposer 2 heures à température ambiante.

Faites cuire 10 minutes à la vapeur l'ananas coupé en petits morceaux après avoir enlevé sa peau. Dans une petite poêle antiadhésive (ou une crêpière) chauffée à feu vif, faites fondre du beurre et versez aussitôt une petite louche de pâte préalablement fouettée pour qu'elle soit homogène. Laissez cuire une face, puis retournez. Sucrez et ajoutez quelques morceaux d'ananas. Laissez cuire encore un peu, puis roulez la crêpe. Renouvelez l'opération jusqu'à épuisement des ingrédients. Servez à l'enfant 1 crêpe coupée en petits morceaux.

ROCHERS ORANGE-POMME

Pour 6 à 8 rochers – Préparation : 15 min – Cuisson : 12 min

150 g de farine à gâteau • 60 g de beurre • 1 pomme • 30 g d'abricots secs • 1 orange non traitée • 40 g de sucre roux • 1 œuf • 1 cuil. à soupe de lait

Préchauffez le four à 180 °C (th. 6).

Épluchez la pomme et râpez-la. Prélevez le zeste de l'orange avec un couteau Économe et râpez-le. Coupez en tout petits morceaux les abricots. Dans un récipient, versez la farine. Incorporez le beurre du bout des doigts, la pomme râpée, les abricots et le zeste d'orange. Réservez 1 cuillerée à soupe de sucre et ajoutez le reste au mélange. Enfin, incorporez l'œuf battu et le lait. Mélangez bien. Avec une cuillère, déposez la pâte en petits tas sur une plaque à pâtisserie recouverte d'une feuille de papier sulfurisé. Saupoudrez-les avec le reste de sucre. Faites cuire 12 minutes. Servez tiède ou froid.

Notre conseil : *vous pouvez proposer, en accompagnement, une pomme coupée en tranches.*

SMOOTHIE ABRICOT-PÊCHE-PISTACHE

Pour 1 portion – Préparation : 10 min

8 abricots • 2 pêches • 4 boules de glace à la pistache • 20 cl de lait demi-écrémé • 1 cuil. à soupe de pistaches

Lavez puis dénoyautez les abricots et les pêches. Passez les fruits au mixeur avec le lait. Ajoutez la glace à la pistache et mixez à nouveau. Servez le milk-shake sans attendre, dans un grand verre avec une grosse paille.

Notre conseil : *décorez le verre d'1 boule de glace et de quelques tranches d'abricot ou de pêche. Pour les plus grands, saupoudrez le dessus de pistaches concassées.*

TARTE AUX FRAISES, SAUCE AUX POMMES

Pour 4 pers. – Préparation : 15 min – Cuisson : 15 min – Réfrigération : 3 h

1 rouleau de pâte brisée • 15 g de fécule de maïs • 25 g de sucre • 25 cl de jus de pomme • 2 cuil. à soupe de jus de citron • 2 cuil. à café de zestes de citron • 25 g de beurre • 600 g de fraises

Préchauffez le four th. 6 (180 °C).

Disposez la pâte dans un moule, piquez-la à la fourchette, recouvrez-la de papier sulfurisé et de billes de cuisson et placez-la au four 12 à 14 minutes jusqu'à ce que les côtés soient bien dorés, puis laissez-la refroidir.

Pendant ce temps mélangez la fécule de maïs, le sucre et le jus de pomme dans une casserole, portez à ébullition en tournant de temps en temps. Laissez cuire environ 1 minute. Hors du feu, ajoutez le jus de citron, les zestes, le beurre et mélangez bien. Laissez refroidir.

En attendant, équeutez les fraises et coupez-les en deux.

Une fois que le mélange est froid, versez-en 2 à 3 cuillerées à soupe sur la pâte. Disposez ensuite les fraises sur la préparation et versez le reste de sauce par-dessus. Placez au frais pendant 3 heures et servez avec un petit peu de crème Chantilly… Un régal !

TARTELETTES AUX NECTARINES

Pour 4 tartelettes – Préparation : 15 min – Cuisson : 15 min

1 rouleau de pâte sablée • 4 nectarines mûres • 4 cuil. à soupe de coulis d'abricots • 1 cuil. à soupe d'amandes effilées • 1 citron • farine • crème Chantilly

Préchauffez le four à 190 °C (th. 6-7).

Pelez les nectarines. Dénoyautez-les et coupez-les en tranches. Arrosez-les avec un filet de jus de citron. Étalez la pâte sablée sur un plan de travail légèrement fariné. Découpez 4 fois la forme d'un soleil. Placez-les sur une plaque à pâtisserie recouverte d'une feuille de papier sulfurisé. Piquez le dessus de la pâte avec les dents d'une fourchette. Faites cuire pendant 15 minutes. Faites griller les amandes dans une poêle. Sortez les tartes du four. Étalez le coulis. Répartissez dessus les tranches de nectarine. Parsemez-les d'amandes effilées. Dessinez les yeux et la bouche avec un peu de chantilly. Servez aussitôt.

YAOURT GLACÉ AUX FRUITS

Pour 4 portions – Préparation : 15 min – Congélation : 3 h

3 yaourts entiers natures • 1 jaune d'œuf • 1 sachet de sucre vanillé • 1 cuil. à café de jus de citron • 250 g de fruits de saison (pêches, abricots, melon, prunes...) • 20 g d'étoiles en chocolat

Mettez les yaourts dans un récipient. Ajoutez le jaune d'œuf, le sucre vanillé et le jus de citron. Mélangez à l'aide d'un fouet. Mixez 100 g de fruits de votre choix. Incorporez-les au yaourt battu. Placez la préparation au congélateur. Laissez prendre 3 heures environ. Répartissez le reste de fruits coupés en petits morceaux dans des coupes et posez dessus 1 boule de glace au yaourt. Saupoudrez d'étoiles en chocolat. Servez.

Variante : *nappez le yaourt glacé d'un coulis de fruits et remplacez les étoiles par des pépites ou des vermicelles en chocolat.*

À partir
de 3 ans

RECETTES SALÉES

BOULETTES DE FROMAGE FRAIS, FRUITS SECS ET AROMATES

Pour 4 pers. – Préparation : 10 min

2 fromages frais • 4 cuil. à soupe de raisins blonds • 4 cuil. à soupe de noix concassées • 4 cuil. à soupe de paprika doux

Versez les raisins, les noix concassées et le paprika dans 3 assiettes creuses. Découpez les fromages frais en cubes de la taille d'1 bouchée. Roulez-les entre vos mains pour former de petites boules. Enrobez les boulettes de raisins, de noix ou de paprika. Déposez-les sur une assiette et gardez au frais en attendant de servir.

CRÊPES FARCIES JAMBON-ÉPINARDS À LA CRÈME

Pour 4 pers. – Préparation : 20 min – Cuisson : 40 min – Repos : 30 min

Pour la pâte à crêpes : • 125 g de farine • 2 œufs • 35 cl de lait entier • 40 g de beurre fondu • 2 cuil. à soupe d'huile d'arachide • 1 pincée de sel

Pour la farce : • 4 tranches de jambon blanc • 300 g d'épinards hachés surgelés • 20 cl de crème • sel - poivre

Mettez tous les ingrédients de la pâte à crêpes dans le bol d'un mixeur. Faites tourner l'appareil à petite vitesse pendant

1 minute, puis versez la pâte dans un récipient en la filtrant à travers un tamis. Laissez reposer 30 minutes. Huilez très légèrement la poêle. Faites-la chauffer à feu moyen. Versez-y une petite louche de pâte. Inclinez la poêle pour napper le fond. Dès que les bords se décollent, retournez la crêpe ou faites-la sauter. Laissez cuire l'autre côté. Préparez les autres crêpes, gardez-les au chaud sur une assiette posée sur une casserole d'eau frémissante.

Faites fondre les épinards dans une casserole en remuant jusqu'à ce qu'ils soient décongelés, salez, poivrez, ajoutez la crème et laissez cuire encore 5 minutes. Déposez 1 tranche de jambon sur chaque crêpe, répartissez dessus les épinards à la crème, repliez les crêpes en deux et servez immédiatement.

***Variantes**: vous pouvez garnir les crêpes de carottes, de pommes de terre et de champignons cuits coupés en morceaux avec un peu de volaille émincée nappée d'1 cuillerée à soupe de béchamel et parsemée de fromage râpé. Autres possibilités, selon les goûts de votre enfant : des champignons sautés et de la crème fraîche ; des asperges, de la béchamel et du parmesan ; des endives émincées sautées au beurre avec du jambon coupé en cubes, de la crème fraîche et de l'emmental ; de la viande hachée, avec oignons, sauce tomate et crème fraîche.*

CROQUE-MADAME

Pour 4 pers. – Préparation : – 10 min – Cuisson : 15 min

4 tranches de pain de mie • 4 œufs extra-frais • 2 tranches de jambon blanc • 100 g de fromage râpé • 20 g de beurre

Écroûtez les tranches de pain de mie puis tartinez-les de beurre. Découpez le jambon aux dimensions du pain. Posez 1 lamelle de jambon sur chaque tranche de pain. Saupoudrez-les de fromage râpé. Passez sous le gril 5 minutes. Faites cuire les œufs au plat dans une poêle à revêtement antiadhésif. Déposez 1 œuf sur chaque croque. Servez.

Notre conseil : *pour donner une forme régulière aux œufs sur le plat, utilisez des poêles à blinis ou des formes en silicone.*

POMMES DE TERRE JAMBON-FROMAGE

Pour 4 pers. – Préparation : – 15 min – – Cuisson : 40 min

4 grosses pommes de terre d'environ 200 g chacune • 100 g d'allumettes de jambon • 4 portions de fromage fondu

Lavez les pommes de terre sans les peler, et essuyez-les. Faites-les cuire pendant 20 à 25 minutes. Surveillez la cuisson, elles doivent rester fermes. Laissez-les tiédir. Préchauffez le four à 210 °C (th. 7).

Découpez une calotte sur la partie supérieure de chaque pomme de terre. Retirez la pulpe avec une petite cuillère. Réservez-la pour une autre préparation.

Répartissez les allumettes de jambon dans les pommes de terre évidées, complétez avec le fromage fondu. Enfournez et laissez cuire pendant 15 minutes environ. Servez sans attendre.

ROULÉ D'AGNEAU AU FROMAGE ET AUX LÉGUMES

Pour 1 portion – Préparation : 15 min – Cuisson : 35 min

1 tranche fine d'agneau (découpée dans le gigot ou l'épaule) • 25 g d'emmental • 6 bouquets de brocoli • 2 champignons de Paris • 1 cuil. à café de crème fraîche • 10 g de margarine

Lavez et essuyez les champignons, émincez-les. Lavez les bouquets de brocoli. Faites cuire les brocolis à la vapeur pendant 15 minutes. Faites revenir les champignons à la poêle pendant 10 minutes. Préchauffez le four à 180 °C (th. 6). Coupez le fromage en bâtonnets. Placez sur la tranche d'agneau crue le fromage coupé. Roulez la tranche sur elle-même, fermez à l'aide d'une pique en bois. Placez le roulé d'agneau dans un plat allant au four, parsemez-le de noisettes de margarine, et faites cuire pendant 10 minutes environ. Disposez le roulé sur une assiette, accompagnez de légumes nappés de crème légèrement tiédie.

SALADE DE PÂTES AU MELON

Pour 1 portion – Préparation : 20 min – Cuisson : 10 min

½ petit melon • 60 g de jambon de pays • 40 g de pâtes • 1 cuil. à soupe de grains de maïs • 20 g de fromage (mimolette, gouda) • 2 brins de ciboulette • ½ cuil. à café de vinaigre de framboise • 1 cuil. à café d'huile d'olive • sel

Avec une cuillère parisienne, prélevez des billes dans la chair du melon. Réservez-les au frais. Découpez le haut du melon en dents de scie avec un couteau. Portez 1 litre d'eau salée à ébullition dans une casserole. Faites cuire les pâtes en suivant le temps indiqué sur le paquet. Égouttez-les, laissez refroidir. Placez-les dans un récipient, ajoutez les billes de melon, les grains de maïs et le jambon coupé en lamelles. Assaisonnez avec l'huile et le vinaigre. Garnissez le melon évidé de cette préparation. Ajoutez le fromage coupé en triangles. Parsemez de ciboulette hachée.

Variante : *vous pouvez remplacer les lamelles de jambon de pays par du jambon blanc ou des cubes de blanc de volaille.*

TOMATES CERISE AU SAINT-MÔRET®

Pour 1 portion – Préparation : – 15 min

4 tomates cerise • 50 g de Saint-Môret® • 10 brins de ciboulette • sel - poivre

Lavez les tomates, coupez un chapeau dans leur tiers supérieur, puis évidez-les avec une petite cuillère. Salez l'intérieur et retournez-les pour qu'elles rendent leur eau. Ciselez la ciboulette. Mélangez le Saint-Môret® avec du sel, du poivre et la ciboulette. Farcissez les tomates avec ce mélange. Laissez au frais en attendant de servir.

RECETTES SUCRÉES

AUMÔNIÈRES DE FRUITS AU CHOCOLAT

Pour 4 pers. – Préparation : 15 min – Repos : 2 h – Cuisson : 10 min

Pour la pâte : • 125 g de farine • 2 œufs • 35 cl de lait entier • 40 g de beurre fondu • 2 cuil. à soupe d'huile d'arachide • ½ cuil. à soupe de sucre • 1 pincée de sel

Pour la garniture : • 4 cuil. à soupe de pâte à tartiner au chocolat • 4 cuil. à soupe de fruits au sirop

Mettez tous les ingrédients de la pâte dans le bol d'un mixeur. Faites tourner l'appareil à petite vitesse pendant 1 minute, puis versez la pâte dans un récipient en la filtrant à travers un tamis. Laissez reposer la pâte pendant 2 heures.

Huilez très légèrement une poêle. Faites-la chauffer à feu moyen. Versez-y une petite louche de pâte. Inclinez la poêle pour napper le fond. Dès que les bords se décollent, retournez la crêpe ou faites-la sauter. Laissez cuire l'autre côté. Faites cuire les autres crêpes.

Étalez 1 cuillerée à soupe de chocolat à tartiner sur 1 crêpe. Ajoutez 1 cuillerée à soupe de fruits au sirop bien égouttés. Refermez la crêpe pour former une aumônière avec un ruban confectionné dans une feuille de papier aluminium. Préparez les autres aumônières. Réchauffez les aumônières quelques minutes à four chaud.

BRIOCHE À L'ORANGE

Pour 4 pers. – Préparation : – 15 min – Cuisson : 10 min

4 tranches de brioche carrée • 30 g de sucre • 100 g de poudre d'amandes • 1 blanc d'œuf • 1 orange non traitée • 20 g de beurre

Préchauffez le four à 180 °C (th. 6).

Beurrez un plat à four.

Prélevez le zeste de l'orange avec un couteau Économe, râpez-le. Pressez le fruit. Fouettez le blanc d'œuf et le sucre dans une terrine. Ajoutez la poudre d'amandes, les zestes et le jus d'orange. Battez pour obtenir une crème. Étalez cette crème sur les tranches de brioche, déposez-les dans le plat à four. Faites cuire pendant 10 minutes. Servez tiède.

CIGARES BANANE-CHOCOLAT

Pour 4 pers. – Préparation : 20 min – Repos : 2 h – Cuisson : 25 min

Pour la pâte : • 125 g de farine • 2 œufs entiers • 35 cl de lait entier • 40 g de beurre fondu • 2 cuil. à soupe d'huile d'arachide • ½ cuil. à soupe de sucre • 1 pincée de sel

Pour la garniture : • 4 bananes • 100 g de chocolat noir • 10 g de beurre

Mettez tous les ingrédients de la pâte dans le bol d'un mixeur. Faites tourner l'appareil à petite vitesse pendant 1 minute, puis versez la pâte dans un récipient en la filtrant à travers un tamis.

Huilez très légèrement la poêle. Faites-la chauffer à feu moyen. Versez-y une petite louche de pâte. Inclinez la poêle pour napper le fond. Dès que les bords se décollent, retournez la crêpe ou faites-la sauter. Laissez cuire l'autre côté. Faites cuire les autres crêpes de la même façon, gardez-les au chaud sur une assiette placée au bain-marie.

Préparez la garniture : pelez les bananes. Faites fondre le beurre dans une poêle, faites cuire les bananes à feu doux pendant 10 minutes en les retournant à mi-cuisson. Faites fondre le chocolat au micro-ondes ou au bain-marie.

Déposez 1 banane cuite au centre de chaque crêpe, arrosez d'un peu de chocolat, roulez la crêpe pour former un cigare. Servez tiède.

Variantes : *vous pouvez farcir les crêpes avec des cerises au sirop chaudes à la cannelle, ou de la gelée de mûres, groseilles ou framboises, des amandes et du miel, du fromage blanc avec*

des fruits frais ou surgelés et du miel, ou encore des morceaux d'ananas, frais ou en boîte, avec raisins secs et du jus de citron.

CLAFOUTIS AUX FRUITS D'ÉTÉ

Pour 4 pers. – Préparation : 15 min – Cuisson : 35 min

80 g de farine • 65 g de sucre en poudre • 2 œufs • 20 cl de lait demi-écrémé • 150 g de cerises • 100 g de mirabelles • 100 g d'abricots • 1 noisette de beurre • 1 pincée de sel

Préparez les fruits : lavez-les, dénoyautez-les, coupez-les en petits dés. Préchauffez le four à 180 °C (th. 6). Beurrez légèrement un moule. Versez la farine en puits dans une jatte. Ajoutez le sucre, le sel, puis les œufs battus en omelette à l'aide d'une fourchette. Mélangez bien. Versez petit à petit le lait. Garnissez le moule de cerises, de mirabelles et d'abricots. Versez la préparation dessus. Faites cuire au four pendant 35 minutes environ. Laissez refroidir avant de déguster.

Variante *: vous pouvez aussi réaliser ce clafoutis avec des prunes, des quartiers de pomme, des tranches de kiwi ou d'ananas.*

GÂTEAU DE SEMOULE À L'ORANGE

Pour 4 à 6 pers. – Préparation : – 20 min – Cuisson : 40 min

150 g de semoule fine • 75 cl de lait demi-écrémé • 4 œufs • 1 orange non traitée • 50 g de beurre + 10 g pour le moule • 50 g de sucre • 3 gouttes d'extrait de vanille • 1 pincée de sel

Préchauffez le four à 180 °C (th. 6).

Beurrez un moule à manqué.

Prélevez le zeste de l'orange avec un couteau Économe et râpez-le. Pressez le fruit.

Versez le lait dans une casserole, portez-le à ébullition, puis jetez la semoule en pluie en mélangeant avec une cuillère en bois. Ajoutez 1 pincée de sel et faites cuire à feu doux pendant 10 minutes environ, jusqu'à absorption complète du lait. Retirez du feu, puis incorporez le beurre coupé en parcelles, la vanille, le jus d'orange et les zestes.

Battez les œufs entiers avec le sucre, ajoutez-les à la préparation. Versez dans le moule, et faites cuire au bain-marie pendant 30 minutes. Laissez refroidir le gâteau sur une grille, démoulez-le. Servez à température ambiante.

PETITES BROCHETTES MELON-FIGUE-FETA

Pour 4 pers. – Préparation : 20 min

1 gros melon • 4 figues • 4 tranches très fines de jambon de Bayonne • 18 cubes de feta

Ouvrez le melon, retirez les graines et coupez la chair en dés. Coupez les figues en quatre. Détaillez le jambon en lamelles.

Enfilez en alternance sur de petites brochettes en bois les figues, le jambon, le melon et la feta. Servez bien frais.

POMMES HÉRISSONS

Pour 4 pers. – Préparation : 30 min – Cuisson : 35 min

4 pommes • 200 g d'amandes effilées • 4 cuil. à café de gelée de fruits rouges

Préchauffez le four à 180 °C (th. 6).

Pelez les pommes avec un couteau Économe sans les couper, ôtez le trognon avec un vide-pomme. Déposez-les dans un plat à four. Faites fondre la gelée de fruits dans une casserole, puis enduisez-en les fruits avec un pinceau. Versez 3 cuillerées à soupe d'eau dans le plat et faites cuire pendant 30 minutes environ. Surveillez la cuisson en plantant la lame d'un couteau au cœur d'un fruit : elle ne doit pas rencontrer de résistance. Sortez les fruits du four et laissez-les tiédir.

Faites griller les amandes effilées dans une poêle à revêtement antiadhésif. Dès qu'elles sont dorées, retirez-les. Piquez les amandes dans la chair des pommes de façon à imiter les piquants d'un hérisson. Servez tiède.

TARTINES AUX FRAISES

Pour 4 pers. – Préparation : 5 min – Cuisson : 7 min

4 tranches de pain brioché • 20 g de beurre + 10 g pour le plat • 30 g de sucre cristallisé • 24 fraises Mara des bois

Préchauffez le four à 210 °C (th. 7). Beurrez un plat à four.

Beurrez les tranches de pain brioché puis saupoudrez-les de sucre. Déposez-les dans le plat et enfournez. Laissez cuire pendant 5 minutes environ.

Lavez les fraises, essuyez-les délicatement et équeutez-les. Coupez-les en deux si elles sont grosses. Déposez les fraises sur les tranches de pain et passez sous le gril pendant 2 minutes. Laissez tiédir avant de servir.

YAOURT ROSE

Pour 1 portion – Préparation : 5 min

1 yaourt nature • 1 cuil. à café de coulis de fraises • 1 cuil. à café de vermicelles multicolores

Dans un saladier, battez le yaourt et le coulis de fraises. Versez dans un verre. Mettez au frais jusqu'au moment de servir. Au moment de servir, saupoudrez de vermicelles multicolores.

Index des recettes par âge

RECETTES SUCRÉES

À PARTIR DE 6 MOIS

RECETTES SALÉES

RECETTES SUCRÉES

À PARTIR DE 10 MOIS

RECETTES SALÉES

RECETTES SUCRÉES

À PARTIR DE 12 MOIS

RECETTES SALÉES

RECETTES SUCRÉES

À PARTIR DE 15 MOIS

RECETTES SALÉES

RECETTES SUCRÉES

À PARTIR DE 18 MOIS

RECETTES SALÉES

RECETTES SUCRÉES

À PARTIR DE 24 MOIS

RECETTES SALÉES

RECETTES SUCRÉES

Index alphabétique

RECETTES SALÉES

A

B

C

RECETTES SUCRÉES

A

B

T

V

Y

Dans la même collection

• 320 PAGES

ISBN : 978 2 7540 1762 6

ISBN : 978 2 7540 1473 1

ISBN : 978 2 7540 1747 3